KLAUS JÜRGEN DIEHL

In 99 Tagen

durch die
Bibel

Eine Entdeckungsreise

BRUNNEN

VERLAG GIESSEN · BASEL

ABCteam-Bücher erscheinen in folgenden Verlagen:
Aussaat Verlag Neukirchen-Vluyn
R. Brockhaus Verlag Wuppertal und Zürich
Brunnen Verlag Gießen und Basel
Christliches Verlagshaus Stuttgart
Oncken Verlag Wuppertal und Kassel

Herausgegeben vom Herausgeberkreis Bibellesehilfen: Karl Albietz, Klaus
Jürgen Diehl, Christoph Morgner, Ulrich Parzany in Zusammenarbeit mit dem
Amt für missionarische Dienste der Evang. Kirche von Westfalen.

© 2000 Brunnen Verlag Gießen und CVJM-Gesamtverband in Deutschland e.V.
Umschlagfoto: Micha Pawlitzki
Umschlaggestaltung: Ralf Simon
Illustrationen: Dorothee Kettschau, Korbach
Innenlayout: Dorothee Kettschau, Korbach
Herstellung: Ebner Ulm

ISBN 3-7655-3647-4

EINLADUNG ZU EINER ENTDECKUNGSREISE

Das Alte Testament

Ouvertüre mit Paukenschlägen: Die Urgeschichte — 11

1.	1. Mose 1,1 - 2,4a	Schöpfung aus dem Nichts	12
2.	1. Mose 3	Der Sündenfall und seine Folgen	13
3.	1. Mose 4,1-16	Die Spirale des Bösen: Kains Brudermord	14
4.	1. Mose 6,5 - 7,24	Gottes Zorngericht: Die Sintflut	15
5.	1. Mose 8,1 - 9,17	Der Bund mit Noah – Gottes inkonsequente Güte	16
6.	1. Mose 11,1-9	Der Turmbau in Babel	17

Gott fängt noch einmal neu an: Die Vätergeschichte — 18

7.	1. Mose 12,1-9; 15,1-6	Gottes Verheißung – Abrahams Aufbruch	19

Das Volk Israel in Ägypten und sein dramatischer Exodus — 20

8.	2. Mose 3	Feuer im Busch: Die Berufung des Mose	22
9.	2. Mose 14	Israels dramatische Befreiung	23
10.	2. Mose 19	Gottes Offenbarung am Sinai	24
11.	2. Mose 20,1-17	Die Zehn Gebote	25
12.	2. Mose 24	Der Bundesschluss am Sinai	26

Der Beginn der Tragödie:
Israels fortwährender Bruch der Vertragsvereinbarung — 28

13.	3. Mose 16	Der große Versöhnungstag	29
14.	5. Mose 6	Israels Glaubensbekenntnis	30

Die Landnahme – Gott bestätigt seine Zusagen — 31

15.	Josua 6	Die Eroberung von Jericho	32
16.	Josua 24	Landtag zu Sichem: Ein Volk muss sich entscheiden	33

Die Zeit der Richter — 34

17.	Richter 6,11–40	Gideon – Befreier in der Stunde der Not	35

Die Geschichte des Königtums in Israel 36

18. 1. Samuel 8   Israel begehrt einen König   38
19. 1. Samuel 10,17-11,15   Saul – Israels erster König   39
20. 2. Samuel 2,1-7; 5,1-12   David – Israels strahlender Stern   40
21. 2. Samuel 7   Gottes Zusage an David und sein Königtum   41
22. 1. Könige 8,12-30   Salomos Tempelweih-Gebet   42

Der Tempel und seine Bedeutung für den Glauben Israels 43

23. 2. Könige 17, 7-23   Eine vernichtende Bilanz   44

Die Psalmen – Israels Antwort auf Gottes Reden und Tun 45

24. Psalm 23   Der gute Hirte   46
25. Psalm 51   Ein König macht reinen Tisch vor Gott   47
26. Psalm 103   Lob auf Gottes große Güte   48

Israels Propheten – Gottes oft unerhörte Mahner und Tröster 49

27. 1. Könige 18   Stunde der Entscheidung   50
28. 1. Könige 19   Ein Prophet ist am Ende   51
29. Amos 5   Gegen soziales Unrecht und frommes Getue   52
30. Hosea 11   Gott kehrt um   53
31. Jesaja 6   Jesajas Berufung zum Propheten   54
32. Jesaja 9,1-6; 11,1-16   Verheißung des kommenden Friedefürsten   55
33. Jeremia 1   Jeremia – ein Prophet als Bollwerk Gottes   57
34. Jeremia 7,1-15; 26,1- 24   Die Tempelrede und die Folgen   58
35. Jeremia 20,7-18   Schrei der Verzweiflung   59
36. Jeremia 31,31-34   Zusage für einen neuen Vertrag   60
37. Hesekiel 18   Jeder trägt Verantwortung für sein Leben   61
38. Hesekiel 34   Die schlimmen Hirten und der gute Hirte   62

Israel nach dem Zusammenbruch: Im Exil 63

39. Jesaja 40   Trostbotschaft für Geschlagene   64
40. Jesaja 52,13-53,12   Vom leidenden Gottesknecht   65

Mühsamer Neubeginn nach dem Exil 66

41. Haggai 1,1-2,23   Ein neues Haus für Gott   67
42. Nehemia 3,33-4,17   Nehemias Wiederaufbau-Programm   68
43. Nehemia 9.10   Ein geistlicher Neuanfang   69
44. Maleachi 2,17-3,24   Streitgespräche mit Zweiflern   70

Vom Verstummen der Prophetie bis zur Apokalyptik 71

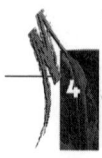

Das Neue Testament

„Als die Zeit erfüllt war ..." –
Das Kommen Jesu als Beginn einer neuen Heilszeit 74

45. Lukas 1,26-38	Ankündigung der Geburt Jesu	76
46. Lukas 2,1-21	Jesu Geburt im Stall von Bethlehem	77
47. Markus 1,1-15	Johannes und die Taufe Jesu	78
48. Markus 1,21-28	Störung im Gottesdienst	79

Die Botschaft Jesu vom angebrochenen Reich Gottes 80

49. Markus 4,1-20	Das Gleichnis vom vierfachen Ackerfeld	81
50. Markus 4,30-34	Das Gleichnis vom Senfkorn	82
51. Matthäus 14,44-46	Das Gleichnis vom Schatz im Acker und der kostbaren Perle	83

Wichtige Stationen auf der Reise durch das Neue Testament 84

52. Lukas 10,25-37	Das Gleichnis vom barmherzigen Samariter	86
53. Lukas 14,15-24	Das Gleichnis vom großen Festmahl	87
54. Lukas 15,11-32	Das Gleichnis vom verlorenen Sohn	88

Die Bergpredigt Jesu 89

55. Matthäus 5,1-12	Die Seligpreisungen	90
56. Matthäus 5,38-48	Von der Provokation der Feindesliebe	91
57. Matthäus 6,5-15	Das Vaterunser	92

Die Anhänger und Gegner Jesu 93

58. Johannes 1,35-51	Berufung der ersten Jünger	94
59. Lukas 4,16-30	Aufgebrachte Gemeinde	95
60. Lukas 10,1-12.17-20	Aussendung und Rückkehr der Jünger	96
61. Johannes 6,60-69	Ernüchterte Fans	97
62. Lukas 11,37-54	Pharisäer-Schelte	98

Jesus – Arzt für Leib und Seele 99

63. Markus 2,1-12   Heil und Heilung   100
64. Markus 9,14-29   Zaghafter Glaube   101
65. Markus 10,46-52   Entschlossener Hilfeschrei   102
66. Lukas 19,1-10   Heil für Zachäus   103

Jesus – Gottessohn und Messias 104

67. Markus 8,27-33   Meinungsbefragung über Jesus   105
68. Johannes 8,12-20   Jesus – das Licht der Welt   106
69. Markus 10,35-45   Jesus – eine Karriere nach unten   107
70. Markus 14,53-65   Jesus – der zum Tode verurteilte Richter   108

Die Passion Jesu als Mitte des Evangeliums 109

71. Markus 14,12-25   Das Abendmahl   110
72. Johannes 19,1-5   Seht, welch ein Mensch!   111
73. Johannes 19,17-37   Es ist vollbracht!   112
74. Lukas 24,13-35   Er ist tatsächlich auferstanden!   113
75. Johannes 20,19-31   Chance für einen Zweifler   114
76. Matthäus 28,16-20   Auftrag für die Welt   115

Der Siegeszug des Evangeliums 116

77. Apostelgeschichte 2   Pfingsten – Geburtstag der Kirche   117
78. Apostelgeschichte 8,26-40   Ein Afrikaner wird Christ   118
79. Apostelgeschichte 9,1-20   Die Bekehrung des Saulus   119
80. Apostelgeschichte 13,1-12 und 14,20b-28
    Offene Türen für das Evangelium   120
81. Apostelgeschichte 15,1-28   Konzil mit wichtigen Entscheidungen   121
82. Apostelgeschichte 17,22-34   Mission unter Intellektuellen   122
83. Apostelgeschichte 18,1-11   Vision für eine Stadt   123
84. Apostelgeschichte 28,17-31   Paulus in Rom   124

Von den Grundlagen des Glaubens und seinen Konsequenzen 125

85. Römer 3,21-31   Gerecht durch den Glauben   126
86. Römer 5,1-11   Frieden mit Gott   127
87. Römer 8,31-39   Gott ist pro   128
88. Römer 12,1.2   Nonkonformer Glaube   129
89. 1. Korinther 12,12-31   Gemeinde als lebendiger Organismus   130

90.	1. Korinther 13,1-13	Das Hohelied der Liebe	131
91.	1. Korinther 15,12-28	Die alles entscheidende Alternative	132
92.	Philipper 2,5-11	Loblied auf Christus	134
93.	Kolosser 3,1-17	Kleiderwechsel	135
94.	1. Petrus 4,1-19	Christen im Kreuzfeuer	136

Die Hoffnung festhalten

			137
95.	Lukas 21,5-36	Jesu Rede über die Endzeit	138
96.	1. Thessalonicher 4,13-18	Trost für Hinterbliebene	139
97.	2. Petrus 3,8-14	Wartezeit	140
98.	Offenbarung 20,11-15	In letzter Instanz	141
99.	Offenbarung 21,1-8	Alles neu!	142

Zu guter Letzt

143

Einladung zu einer Entdeckungsreise

Für viele Menschen ist die Bibel ein Buch mit sieben Siegeln: Es ist ihnen einfach fremd und fern. Denn unsere Gesellschaft ist dabei, sich von den Wurzeln abzuschneiden, die jahrhundertelang unsere Kultur, unsere Moral und unseren Glauben geprägt haben. In einer abendlichen Talkshow wurde kürzlich eine bekannte Politikerin gefragt, was sie von der Aussage halte: *Der Mensch lebt nicht vom Brot allein*. Ihre spontane Reaktion: „Das ist ein interessanter Satz. Von wem stammt er? Von Brecht?"

„Nein", antwortete der Moderator ungerührt, „der ist viel älter. Er stammt von Goethe." Niemand im Studio schien aufzufallen, dass auch der Moderator irrte. Jenes Zitat stammt weder von Brecht noch von Goethe. Es stammt aus der Bibel. Und es hat eine interessante Fortsetzung: *Der Mensch lebt nicht vom Brot allein, sondern von einem jeden Wort, das aus dem Mund Gottes geht* (Matthäus 4,4).

Übrigens war es gerade Bert Brecht, der auf die Frage eines Journalisten nach seiner Lieblingslektüre antwortete: „Sie werden lachen: Die Bibel!" Man muss also keineswegs erst Christ sein, um zu entdecken, wie sehr die Bibel das eigene Leben bereichert. Wie sie uns ungeahnte Perspektiven eröffnet. Wie sie uns zu inspirieren und zu trösten vermag.

Nun werden Sie vermutlich einwenden, dass Sie weit davon entfernt sind, die Bibel als Ihre „Lieblingslektüre" zu bezeichnen. Vielleicht ist Ihnen die Bibel bisher auch fremd und fern geblieben. Und Sie sind angesichts des Umfangs und Alters der Bibel davor zurückgeschreckt, sie einmal von vorne bis hinten zu lesen. Oder Sie haben spätestens im 3. Buch Mose aufgegeben, weil Sie mit all den vielen Opfer- und Reinheitsgesetzen dort nichts anzufangen wussten. Mit diesem Buch möchte ich Ihnen Mut machen, es noch einmal – oder erstmals – mit der Bibel zu versuchen. Ich lade Sie

> „Als ich 1986 zu den Commenwealth-Spielen fuhr, war ich ziemlich durch den Wind. Was hat mein Leben eigentlich für einen Sinn? fragte ich mich. Im Hotelzimmer fand ich auf dem Bett eine Bibel in moderner Übersetzung. Ich fing an zu lesen – und auf diesen Seiten begegnete mir eine Person, wie ich sie vorher nicht gekannt hatte. Jesus Christus forderte mich dazu heraus, über den eigentlichen Sinn des Lebens nachzudenken. Mir gefiel, was er dazu zu sagen hatte."
> CHRIS AKABUSI, Leichtathlet, Olympiateilnehmer

ein zu einer Entdeckungsreise durch die Bibel. Dabei werden wir Halt machen an den wichtigsten Stationen der Geschichte Gottes mit der Menschheit bis zur Schilderung des neuen Himmels und der neuen Erde auf den letzten Blättern der Bibel.

Natürlich müssen wir uns dabei auf zentrale Texte des Alten und Neuen Testaments beschränken. Zufällig sind es 99 geworden. Sie sollen Ihnen *Durchblicke* vermitteln; *Durchblicke* nicht nur durch eine jahrtausendalte Geschichte, sondern hoffentlich auch Durchblicke durch Ihr eigenes Leben. Denn das haben die alten Bibeltexte so an sich: Sie informieren uns nicht bloß über vergangene Geschichte, sondern treffen oft genug erstaunlich aktuell unsere Gegenwart und erhellen unser eigenes Leben. Weil das so ist, möchte ich Sie zugleich einladen, der Bedeutung der biblischen Texte für Ihr eigenes Leben nachzuspüren. Der Impuls am Rand der einzelnen Bibeltexte („Interessant") möchte Sie anregen, möglicherweise die Spuren Gottes in Ihrem eigenen Leben zu entdecken. Oder dem nachzudenken, welche Wirkungsgeschichte von diesen alten Bibeltexten bis in unsere Gegenwart hinein ausgegangen ist.

Die verbindenden Zwischentexte sollen es Ihnen erleichtern, so etwas wie den „roten Faden" in der langen Geschichte Gottes mit uns Menschen wiederzufinden. Aus den *„In 99 Tagen durch die Bibel"* soll schließlich so etwas werden wie ein Überblick über die ganze Heilsgeschichte Gottes. Sie werden entdecken, wie sich die Güte und Treue Gottes bei aller Unzulänglichkeit und Schuldverfallenheit der Menschen als bestimmende Grundmelodie durch das Auf und Ab der Menschheitsgeschichte – und dabei besonders der Geschichte Israels – erwiesen hat. Aus Platzgründen müssen wir auf den Abdruck der jeweiligen Bibeltexte verzichten. Sie benötigen also als Erstes eine Bibel. Ich empfehle Ihnen die Lutherbibel; am besten die mit Erklärungen („Lutherbibel erklärt"). Hilfreich sind aber auch Übersetzungen in die heutige Sprache wie „Die Gute Nachricht" oder „Hoffnung für alle". Bitte lesen Sie zunächst aufmerksam den angegebenen Bibeltext – möglichst zwei- oder dreimal –, bevor Sie sich die Auslegung in diesem Buch dazu vornehmen. Wenn es Ihre Zeit erlaubt, dann lassen Sie sich mit dem jeweiligen Impuls am Rand der Auslegung zum Nachdenken oder Meditieren anregen. Und nun viel Spaß – und Ausdauer bei der Entdeckungsreise durch die Bibel.

KLAUS JÜRGEN DIEHL

Bibeltexte fin**den**

Die Bibel
besteht aus
zwei Haupt-
teilen – dem
Alten Testament
und dem Neuen
Testament – sowie
aus zahlreichen einzel-
nen „Büchern". Ursprüng-
lich war die Bibel ein fortlaufen-
der Text. Um jedoch einzelne Abschnitte
kenntlich zu machen, wurde jedes Buch in
Kapitel und Verse eingeteilt.

Mit diesem Hilfsmittel kann jeder Abschnitt, ja fast jeder einzelne Satz
identifiziert und schnell gefunden werden. Die Angabe Johannes 1,14
heißt entsprechend, dass der Gesprächspartner oder ein Buchautor das
Bibelbuch „Evangelium nach Johannes" meint, dort das 1. Kapitel und –
noch genauer – den 14. Vers (was ungefähr dem 14. Satz entspricht,
wobei sehr lange Sätze manchmal sogar zwei Verszahlen bekommen
haben). Diese Angaben gelten weltweit und sind in einer deutschen
Bibelübersetzung genauso anwendbar wie in einer englischen oder einer
chinesischen.

Auf welcher Seite die biblischen Bücher jeweils beginnen, findet man
jedoch wie in jedem Buch im Inhaltsverzeichnis auf den ersten Seiten.

Die Urgeschichte

Noch weiter zurück als jede moderne Evolutionstheorie, die alles mit einem „Urknall" oder einer „Urzelle" beginnen lässt, greift die Bibel mit ihrer Urgeschichte. Sie stellt Gott als den Schöpfer des Universums vor. Unsere Welt entspringt nicht einer anonymen Gesetzmäßigkeit, sondern dem ausdrücklichen Willen des Schöpfers, der sie ins Leben rief. Unsere Welt ist kein Zufallsprodukt, und wir Menschen sind darum keinem blinden Schicksal ausgeliefert.

Die ersten 11 Kapitel der Bibel – 1. Mose 1-11 – sind so etwas wie ein Prolog oder eine Ouvertüre, in der bereits die entscheidenden Grundmotive der ganzen Bibel anklingen: Da ist von der Gottesebenbildlichkeit des Menschen und seiner unüberbietbaren Würde ebenso die Rede wie von menschlicher Schuld und Versagen. Da wird von Gottes Zorn angesichts der Bosheit der Menschen erzählt und der Sintflut als dem darauf folgenden Gericht. Doch ebenso wird von Gottes inkonsequenter Güte berichtet, mit der er sich über die Schuldiggewordenen erbarmt. Alles dies sind Motive und Themen, die sich durch die ganze Bibel hindurchziehen werden.

Allerdings ist die Urgeschichte eine Ouvertüre mit Paukenschlag. Für einen ersten Paukenschlag sorgt Gott: Zielstrebig und systematisch geht er an die Erschaffung der Welt. Am Abend jedes Schöpfungstages ist eine weitere Etappe erreicht – bis zum 7. Tag, an dem Gott von seiner Arbeit ruht.

Doch dann kommen Paukenschläge anderer Art: Der Schöpfung folgt schon bald der Sündenfall der Menschen. Und wie in einem furiosen Crescendo wächst die Bosheit der Menschen auf dramatische Weise an: Dem Ungehorsam Gott gegenüber folgt der Brudermord Kains an Abel – und schließlich, mit dem Turmbau von Babel – sind alle Völker zerstritten und zerstreut. Am Ende der Urgeschichte gewinnt man den Eindruck, die Menschheit richtet sich durch Maßlosigkeit und Machtgier selbst zugrunde.

1. Schöpfung aus dem Nichts

1. Mose 1,1 - 2,4a

Gleich zweimal (1. Mose 1,1-2,4a und 2,4b-25) wird uns am Anfang der Bibel die Erschaffung der Welt und des Menschen erzählt. Wir beschränken uns auf den ersten Schöpfungsbericht. Er ist wie eine Litanei aufgebaut mit einem ständig wiederkehrenden Rhythmus: Am Anfang steht jeweils der Befehl des Schöpfers (*Und Gott sprach ...*), der dann ausgeführt wird. Daneben wird vom Handeln Gottes direkt geredet: *Und Gott machte ... schied ... nannte ... segnete)*. Und schließlich werden die einzelnen Etappen der Schöpfung mit dem Kommentar abgeschlossen: *Und Gott sah, daß es gut war.* Ja, am Ende wird der gesamten Schöpfung sogar die Note *sehr gut* gegeben (Vers 31).

Natürlich will der Schöpfungsbericht nicht wie ein naturwissenschaftliches Protokoll gelesen werden. Es geht dem Erzähler weniger um das Wie der Schöpfung, sondern dass Gott ihr Schöpfer ist. Er braucht dazu keine Vorgaben. Es ist eine Erschaffung aus dem Nichts heraus: Diese Deutung legt das hebräische Wort für *schaffen* (= *bara*) nahe. Und doch überrascht der Schöpfungsbericht damit, wie exakt er das Entstehen des organischen Lebens auf unserem Globus beschreibt: In das Chaos *(hebräisch = tohuwabohu – wüst und leer)* der Materie Erde greift Gott durch die Scheidung von Wasser und Festland ordnend ein. Durch die Gestirne wird zunächst Vegetation möglich. Es folgt das tierische Leben – bis schließlich der Mensch geschaffen wird. Viel genauer können es auch die Naturwissenschaftler von heute nicht sagen.

Interessant:

Der Auftrag Gottes an die Menschen, sich die Erde untertan zu machen (Vers 27), wird heute häufig als Freibrief zur Ausbeutung der Schöpfung kritisiert. Trifft diese Kritik ... oder wie ist dieser Auftrag zu verstehen? Vergleichen Sie 1. Mose 2,15.

Gott schuf den Menschen zu seinem Bilde (Vers 27). Größeres als dies kann wohl nicht vom Menschen ausgesagt werden. Gott hat nicht Maß genommen an einem affenähnlichen Wesen, sondern an sich selbst, als er den Menschen schuf. Gott wollte den Menschen als ein Gegen-über, das ihm in freier Partnerschaft entsprechen sollte. Keine Marionette, sondern ein ebenbürtiges Du.

2. Der Sündenfall und seine Folgen

1. Mose 3

Dieses Kapitel ist der klassische Text für das biblische Verständnis von Sünde geworden. Erstaunlich für uns: Sünde hat zunächst einmal gar nichts mit Unmoral zu tun. Die Sünde, zu der Adam und Eva sich verleiten lassen, ist nichts Schmutziges, Verruchtes, sondern durchaus etwas verlockend Ästhetisches: *Und das Weib sah, dass von dem Baum gut zu essen wäre und dass er eine Lust für die Augen wäre und verlockend, weil er klug machte (Vers 6).*

Das Urmaterial der Sünde ist das Misstrauen Gott gegenüber. Die Schlange als Symbol für die Versuchung versteht es meisterhaft, dieses Misstrauen zu schüren. Sie unterstellt Gott, dass er um seine Allmacht besorgt ist und darum den Menschen alles Mögliche verboten habe. Aus dem großzügigen Schöpfer, der fast alles erlaubt (vgl. 1. Mose 2,16) wird ein engherziger Tyrann, der alles verbietet (Vers 1). Und die Schlange hat Erfolg. Evas Gegenwehr ist nur noch matt: Zwar verteidigt sie Gott – und doch verschärft auch sie sein Gebot. Von *nicht anfassen* hatte Gott nichts gesagt! Ist die Saat des Misstrauens erst einmal aufgegangen, dann kann man „schwerere Geschütze" auffahren: Wenn Adam und Eva sich über Gottes Gebot hinwegsetzen, werden sie selbst *sein wie Gott*. Eine faszinierende Perspektive.

Doch die Sache geht gründlich daneben. Gott spielt nicht mit. Auch nicht bei dem bis heute so beliebten Sündenbockspiel, mit dem die eigene Schuld gerne auf andere abgewälzt wird. Gott zieht alle drei zur Rechenschaft und bestraft sie für ihre jeweilige Schuld. Und die Folgen der Sünde? Die Beziehung zu Gott ist kaputt, aber auch die Beziehung zwischen Adam und Eva ist zerstört. Jetzt können sie sich nicht mehr offen begegnen: Sie schämen sich ihrer Nacktheit und versuchen, sich keine Blöße mehr zu geben.

Und doch ist der Rauswurf aus dem Paradies nicht das Ende der Geschichte. Gott hält seinen Zorn nicht durch. Trotz des harten Urteils bleibt er den Menschen zugewandt und sorgt für sie, wie wir in Vers 21 sehen.

Interessant:

Die Sündenfall-Geschichte konfrontiert uns mit der Frage nach unserem eigenen Gottesbild. Ist mein Bild von Gott eher von Misstrauen oder von Vertrauen geprägt? Oder trifft keins von beidem zu?

3. Die Spirale des Bösen: Kains Brudermord

1. Mose 4, 1-16

Es ist schon erschreckend, wie schnell sich das Böse nach der Vertreibung aus dem Paradies ausbreitet. Kain wird zum Mörder seines Bruders – und das, obwohl Gott ihn vorher warnt (Verse 6f). Inzwischen hat das Böse schon eine solche Sogwirkung, dass es einer Verführung von außen (Schlange) nicht mehr bedarf und selbst der Warnruf Gottes überhört wird. Sogar nach begangener Tat dreht sich die Spirale des Bösen weiter: Als Gott den Brudermörder zur Rede stellt, lügt Kain ihm erst einmal frech ins Angesicht: *Was weiß ich, wo sich mein Bruder rumtreibt?* (Vers 9). Besonders erschreckend ist, dass die Geschichte des Brudermordes ihren Anfang am Altar nimmt, wo beide Gott ihre Opfer darbringen. Gott nimmt das Opfer Kains nicht an – warum wird nicht gesagt. Plötzlich steigen Neid und Missgunst in ihm hoch. Kain gönnt seinem Bruder den offensichtlichen Segen Gottes nicht. Er verschließt sich, als Gott ihm ins Gewissen redet. Er hat Gott längst aus seinem Leben verdrängt. Er ist nicht mehr *fromm* (Vers 7); d.h. er ist nicht mehr mit seinem Herzen ungeteilt bei Gott. So nimmt das Verhängnis seinen Lauf.

Und was sind die Folgen? Kain muss erfahren, was er bei seiner Tat nicht ins Kalkül gezogen hat. Er hatte die Leiche seines Bruders verscharrt – in der Hoffnung, es würde wohl bald Gras darüber wachsen. Doch das Blut des Ermordeten erhebt einen Klageschrei, der bis zu Gott dringt (Vers 10). Und nun ergeht Gottes harter Richterspruch über Kain. Künftig wird er ein heimatloses, unstetes, flüchtiges Leben führen müssen. Unter der Wucht dieses Fluchwortes bricht Kain zusammen.

Interessant: Er erkennt, dass er schutzlos der Willkür anderer *Mord und Tot-* ausgeliefert sein wird. Plötzlich nimmt die *schlag – so wird Jesus* Geschichte eine unverhoffte Wendung: Das *später in der Bergpre-* Fluchwort über den Brudermörder Kain bleibt *digt sagen – entstehen in unseren* nicht Gottes letztes Wort. Ganz am Ende steht *Gedanken, Gefühlen und Worten* die Zusage gnädiger Bewahrung (Vers 15). *(Matthäus 5,21ff). Wie können* Damit weist die Kain-Geschichte schon hinüber *wir Herr unserer* ins Neue Testament. Aus dem Kainszeichen wird *Aggressionen werden?* dann das Kreuzeszeichen als Zeichen der endgültigen Gnade Gottes.

14

4. Gottes Zorngericht: Die Sintflut

1. Mose 6,5 – 7,24

Der Text beginnt mit einer geradezu niederschmetternden Einschätzung der Menschen: Ihre Schlechtigkeit ist unvorstellbar groß und ihre Taten sind von Bosheit durchtränkt. Kritischer kann man den Menschen gar nicht beurteilen. Und dieses Urteil stammt von keinem Geringeren als Gott selbst (Vers 5). Doch ist diesem Urteil immer wieder kräftig im Namen der Humanität widersprochen worden: Der Mensch sei von Natur aus edel und gut, auch wenn er im konkreten Einzelfall immer wieder einmal versage. Doch wie lassen sich dann Hass, Gemeinheit und Unterdrückung von Menschen durch Menschen erklären? Wie das Anwachsen von Brutalität und Gewalt gerade in unserer Zeit? Was gibt uns Menschen Anlass zu dem kühnen Glauben, dass der Mensch trotzdem im Grunde seines Wesens gut sei?

Interessant: „Nach uns die Sintflut" heißt ein geflügeltes Wort. Offenbart das nicht, wie wir Menschen durch unser Tun und Lassen die „Sintflut" selbst provozieren? Ist die Sintflut, sei es in Gestalt einer Klimakatastrophe oder einer atomaren Verwüstung, nicht das Gericht, das wir uns selbst einbrocken?

Von Anfang an ist die Bibel sehr viel nüchterner in der Einschätzung der menschlichen Natur. Bei dem Apostel Paulus lesen wir: *Sie – d.h. die Menschen – sind allzumal Sünder und mangeln des Ruhmes, den sie bei Gott haben sollten* (Römer 3,23).

Gott ist nicht bereit, die Bosheit des Menschen länger hinzunehmen. Es reut ihn sogar, den Menschen geschaffen zu haben: Erstmals wird in der Bibel völlig unbefangen von den Empfindungen Gottes gesprochen. Gott lässt sich seine eigene Schöpfung zu Herzen gehen. Was immer in der Zukunft der Menschheit geschehen wird: Gott kommt von seinen Geschöpfen nicht los.

Das Zorngericht Gottes über seine Schöpfung ist hart und unerbittlich: *Das Ende alles Fleisches ist bei mir beschlossen*, heißt sein Urteil (Kapitel 6, Vers 13). Selbst die außermenschliche Kreatur bleibt nicht verschont, obwohl sie keine Schuld trifft. Nur Noah und seine Familie finden *Gnade vor dem Herrn* (Kapitel 6, Vers 9). Obwohl die ganze Welt in den großen Fluten versinkt, gibt Gott seine Schöpfung nicht radikal dem Untergang preis. Es ist, als ob der gnädige Gott dem zur Vernichtung der Schöpfung entschlossenem Richter-Gott in die Arme fällt.

5. Der Bund mit Noah – Gottes inkonsequente Güte
1. Mose 8,1 - 9,17

Spannend, bis in Einzelheiten hinein wird in 1. Mose 8 geschildert, wie die Flut langsam zurückgeht, das Wasser sinkt und die Erde wieder zum Vorschein kommt. Eine von Noah ausgesandte *Taube* (Verse 8ff) spielt dabei eine besondere Rolle: Mit dem Ölblatt im Schnabel ist sie *zu einem weltweiten Symbol des Friedens* geworden. Dieser Friede gründet allerdings nicht auf menschlichen Friedensbemühungen, sondern vor allem darauf, dass Gott sich den Menschen neu zugewandt und der vernichtenden Sintflut ein Ende gemacht hat.

Nach der Sintflut sind die Menschen immer noch dieselben (vergleichen Sie dazu einmal 1. Mose 6,5 und 8,21). Doch nun zieht Gott genau die entgegengesetzte Konsequenz aus der Verderbtheit des Menschen. Obwohl das *Dichten und Trachten des menschlichen Herzens böse von Jugend auf* ist, will Gott die Menschheit nicht mehr vernichten. Staunend stehen wir vor diesem Gegenüber von menschlicher Bosheit und göttlicher Güte. Seit Noahs Tagen leben wir von dieser inkonsequenten Güte Gottes, die auch in der späteren Geschichte Israels bzw. der Völkerwelt immer wieder die Oberhand gegenüber seinem Zorn behalten wird.

An der Wende der Epochen, die die Flutgeschichte bezeichnet, wird uns eine die gesamte Menschheitsgeschichte umfassende Verheißung gegeben: *Solange die Erde steht, soll nicht aufhören Saat und Ernte, Frost und Hitze, Sommer und Winter, Tag und Nacht* (Vers 22).

Interessant:

Gottes Schutzzusage für den Menschen geht so weit, dass Mörder mit der Todesstrafe bedroht werden (Kapitel 9, Vers 6). Sollten Christen daher für die Todesstrafe plädieren? Oder gibt es andere Aussagen und Argumente in der Bibel, die die Anordnung aus 1. Mose 9,6 relativieren?

Zur Vergewisserung dieser Zusage schließt Gott mit Noah einen Bund (Kapitel 9, Verse 8ff). Es ist der erste Bund Gottes mit uns Menschen, dem später noch andere Bundesschlüsse folgen werden – bis zu jenem neuen Bund, den Jesus mit seinem Blut, d.h. dem Opfer seines Lebens am Kreuz, ein für allemal zum Heil aller Menschen besiegeln wird (Matthäus 26,28). In dem Noah-Bund werden aber nicht nur Noah, seine Familie und seine Nachkommen einbezogen, sondern ebenso die außermenschliche Kreatur (Vers 10). Als Zeichen des Bundes setzt Gott den Regenbogen in die Wolken. Er kündet bis heute von der Verlässlichkeit der Zusage Gottes.

Der Turmbau in Babel

1. Mose 11,1-9

Weder durch die Sintflut noch durch den Bund Gottes mit Noah haben sich die Menschen geändert. Im Gegenteil! Äußerte sich die Bosheit der Menschen bisher in Einzeltaten (Kains Brudermord), so wird jetzt durch Großmannssucht und Machtstreben das Zusammenleben der Völker gefährdet. Erstaunlich treffend wird hier schon ein Gesetz der kommenden Geschichte vorweggenommen: dass nämlich solche Übersteigerung der Macht (*wir machen uns einen Namen,* Vers 4) unweigerlich zur Zerstörung der Gemeinschaft führt.

Interessant:

Bis heute gehören Vermessenheit und Maßlosigkeit zu den menschlichen Grunderfahrungen. Längst ist uns klar: Wir dürfen nicht alles, was wir können – andernfalls ergeht es uns nicht anders als den Menschen in Babel. Wo befindet sich heute die stärkste Gefahr solch fataler Grenzüberschreitungen?

Da fuhr der Herr hernieder! (Vers 5). Welch eine Ironie liegt in diesen Worten! Während die Menschen in maßloser Selbstüberschätzung glauben, einen himmelstürmenden Turm zu errichten, muss Gott erst von seiner Höhe herunterkommen, um zu sehen, was die Menschen da unten anstellen. Gott setzt dem stolzen und machtbesessenen Treiben der Menschen einen Riegel vor. Er weiß: Menschen, die von der eigenen Macht und Größe besessen werden, sind zu jeder Maßlosigkeit und Grenzüberschreitung fähig. So ist es wohl ein strafendes und zugleich ein vorbeugendes Tun, zu dem Gott sich entschließt, um die Menschen bei fortschreitender Entartung nicht noch härter strafen zu müssen. Er verwirrt die Sprache der Menschen und zerstreut sie, d.h. teilt sie in eine Vielzahl unterschiedlicher Völker auf.

Zum Glück gibt es im Neuen Testament eine hinreißende Gegengeschichte zur „babylonischen Sprachverwirrung" von 1. Mose 11. Da lesen wir in der Pfingstgeschichte, wie Gott seinen Geist über die Menschen ausgießt (Apostelgeschichte 2; siehe unten Nr. 77). Plötzlich geschieht das Beglückende: Die Menschen können einander wieder verstehen! Zwar bleibt die Vielfalt der Sprachen bestehen, aber durch den Geist Gottes ist Verständigung, ja Einheit möglich. In der weltweiten Ökumene von unterschiedlich geprägten Christen aus allen Rassen, Nationen, Kulturen und sozialen Schichten kann diese Einheit heute als versöhnte Verschiedenheit konkret erfahren werden.

Die Vätergeschichte

Mit dem Turmbau zu Babel endet die Urgeschichte. Und damit ist sie eigentlich eine Geschichte des Scheiterns. Denn so großartig auch die Ziele Gottes mit der Erschaffung der Welt sind: Immer wieder machen die Menschen ihm einen Strich durch die Rechnung. Ihr Misstrauen und Ungehorsam, ihre Bosheit und Maßlosigkeit führen von einer Katastrophe in die nächste. Trotz vielfältiger Gerichte, mancher Strafen und gnädiger Neuanfänge kann von einer positiv verlaufenden „Erziehung des Menschengeschlechts" (G. E. Lessing) keine Rede sein. Im Gegenteil. Die Beziehungskonflikte des Anfangs (Adam und Eva; Kain und Abel) wachsen sich zu einer die ganze Menschheit bedrohenden Maßlosigkeit aus.

Da fängt Gott noch einmal ganz von vorne an. Der Blick wendet sich ab von der Völkerwelt und nimmt abrupt die Geschichte eines einzelnen Menschen und seiner Familie ins Visier. Ohne ersichtlichen Grund, in einem freien Auswahlakt, wendet sich Gott dem Abraham zu. Wir erfahren von ihm am Ende von 1. Mose 11 einzig, dass sein Vater Terach mit seiner Familie von Ur in Chaldäa– nahe der Euphratmündung – nach Haran, der Metropole im Norden Mesopotamiens, aufbrach. Die beiläufige Bemerkung, dass Abrahams Frau Sara unfruchtbar war und keine Kinder hatte (1. Mose 11,30), erwähnt der Erzähler, um daran die ganze Unmöglichkeit der nun an Abraham ergehenden Zusagen Gottes zu verdeutlichen.

Der Kreis der Vätergeschichten in 1. Mose 12 bis 50 stellt in ihrer jetzigen Gestalt nun die Geschichte einer Familie in vier Generationen dar: Von Abraham über Isaak zu Jakob und Josef. Hinter diesen Geschichten erstreckt sich jedoch eine ganze Epoche. Die Klammer, die die Geschichte dieser Familie mit der vom 2. Mosebuch an erzählten Geschichte des Volkes Israel verbindet, ist die umfassende Verheißung Gottes an Abraham in 1. Mose 12 und 15.

Ursprünglich sind alle diese Geschichten als Einzelgeschichten erzählt und über Generationen hinweg tradiert worden. Bis sie dann nach einer langen mündlichen Überlieferung in den größeren Zusammenhang gestellt wurden, in dem wir ihn jetzt vorfinden.

7. Gottes Verheißung – Abrahams Aufbruch

1. Mose 12,1-9 und 15,1-6

Interessant:

Und der HERR sprach ... Mit diesen Worten beginnt die Vätergeschichte. Gott ergreift die Initiative. Sein Ruf an Abraham, einem alten Mann von 75 Jahren, beginnt mit der Forderung einer radikalen Herauslösung aus allen natürlichen Verwurzelungen. Abraham soll einfach alles hinter sich lassen – sein Land, seine Sippe, seine Familie – und sich der Führung Gottes vorbehaltlos anvertrauen. Wir Heutigen können kaum ermessen, welch ungeheure Zumutung in diesem Ruf Gottes an Abraham lag. Folgt Abraham diesem Ruf, so begibt er sich damit in absolute Unsicherheit und Rechtlosigkeit.

Abraham glaubte Gott – ohne sichtbare Zeichen, geschweige handfeste Beweise. Erscheint Ihnen dieser Glaube töricht – oder beispielhaft. Warum?

Aber der Befehl Gottes ist zugleich mit einer dreifachen Verheißung verbunden: Abraham soll das Land einnehmen, das Gott ihm zeigen wird und zu einer unzählbaren Nachkommenschaft gelangen. Schließlich soll er zu einer Quelle universalen Segens für alle Geschlechter auf Erden werden.

Und Abraham gehorcht tatsächlich – ohne Wenn und Aber. Er kommt in ein bereits bewohntes Land: *Kanaan*, Kernland des heutigen Staates Israel. Nüchtern betrachtet besteht keine Chance, dass Abraham und seine Nachkommen dieses Land einmal besitzen werden. Doch die Beziehung zwischen Gott und Abraham wird in der Fremde immer intensiver: Es ist ein Weg von Verheißung zu Verheißung, von Erkenntnis zu Erkenntnis, von Altar zu Altar.

In 1. Mose 15 spüren wir zum ersten Mal etwas von der Ungeduld Abrahams, dem die Zeit zwischen den Fingern zerrinnt, ohne dass eine der Zusagen Gottes bisher in Erfüllung gegangen wäre. Verständlicherweise möchte Abraham nun endlich ein greifbares Zeichen dafür, dass Gott seine Zusagen einlöst. Da schließt Gott einen *Bund* mit Abraham – zur Bekräftigung seiner Verheißungen. Freilich ist der hier geschilderte Bundesschluss ganz und gar einseitig: Allein Gott verspricht etwas; Abraham ist der Beschenkte.

DAS VOLK ISRAEL IN ÄGYPTEN –
und sein dramatischer Exodus

Abrahams Glaube wurde von Gott auf eine harte Geduldsprobe gestellt: 100 Jahre alt ist er, bis Gott schließlich sein Versprechen eines leiblichen Nachkommen mit der Geburt Isaaks einlöst. Noch einmal wird Abrahams Vertrauen in Gottes Zusagen einer grausamen Prüfung unterzogen, als ihm befohlen wird, seinen Sohn zu opfern. Erst im letzten Moment verhindert Gott die Tötung Isaaks, als er sieht, dass Abraham selbst zu diesem äußersten Opfer bereit ist. Alt und lebenssatt stirbt Abraham schließlich im Alter von 175 Jahren. Beerdigt wird er in der Höhle von Machpela in Kanaan, östlich von Mamre. Abraham hatte das Grundstück, auf dem diese Höhle lag, käuflich erworben. Es sollte bis zu seinem Lebensende das einzige Stück Land in Kanaan sein, das ihm gehört. Erst seine Nachkommen werden einmal das Land besitzen, in das Abraham aufgebrochen war – so hatte es Gott versprochen (1. Mose 15,18). Der Abraham- folgt die Isaak-Geschichte. An diese wiederum schließen sich die Jakob-Esau-Geschichten an. In dieser Geschichte betrügt Jakob seinen älteren Bruder um den Segen des alt und blind gewordenen Vaters Isaak. Der lange Konflikt endet schließlich in der Versöhnung zwischen beiden.

Den Schluss der Vätergeschichten bildet die Josef-Erzählung. Ihre wichtigste Funktion besteht darin, den Schauplatz der Vätergeschichte – Kanaan – mit dem der Volksgeschichte, die mit der Befreiung aus Ägypten beginnt, zu verbinden. Die Josef-Erzählung antwortet auf die Frage: Wie sind die Väter überhaupt nach Ägypten gekommen? Darauf gibt die Erzählung zwei Antworten: Josef kommt nach Ägypten, weil seine neidischen Brüder ihn nach dort verkauft haben. Diese wiederum werden durch eine Hungersnot gezwungen, nach Ägypten zu ziehen, wo sie schließlich bleiben.

Die Sippe Josefs samt seinen Brüdern und deren Familien leben zunächst gut und sicher in Ägypten. Sie zeugen viele Kinder und mehrten sich und wurden überaus stark, so daß von ihnen das Land voll ward, lesen wir zu Beginn des 2. Buch Mose. Den Machthabern in Ägypten sind diese Fremden jedoch zunehmend ein Dorn im Auge, und so werden sie zum Frondienst gezwungen. Die Geschichte einer jahrhundertelangen Sklaverei beginnt. Es ist schließlich Mose vorbehalten, sein Volk aus der Hand der Ägypter zu befreien.

STAMMBAUM

Terach

Abram (Abraham) — Ketura — Hagar — Sarai (Sara) — Rëuma — Nahor — Haran

Nahor **heiratet** Milka

Sechs Kinder — Ismael — Isaak — Vier Söhne — Milka — Jiska — Lot

...eben Söhne — Zwölf Söhne — Betuël und sieben weitere Söhne — Tochter — Tochter

Isaak **heiratet** Rebekka

Rebekka — Laban — Moab — Ben-Ammi

Esau — Jakob (Israel) ∞ Lea ∞ Rahel ○ Bilha ○ Silpa

| Ruben 1 | Simeon 2 | Levi 3 | Juda 4 | Issaschar 9 | Sebulon 10 | Dina | Josef 11 | Benjamin 12 | Dan 5 | Naftali 6 | Gad 7 | Asser 8 |

Jakobs Familie in Haran
Reihenfolge der Söhne nach der Geburt

∞ verheiratet mit . . .   ○ Verbindung mit der Magd der Ehefrau . . .   männl.   weibl.

21

8. Feuer im Busch: Die Berufung des Mose
2. Mose 3

Das 2. Buch Mose beginnt mit der Schilderung der Unterdrückung der Israeliten im ägyptischen Exil. Obwohl zu harter Zwangsarbeit verurteilt, wächst das Volk Israel unaufhörlich. Ägyptens Pharao greift zu drakonischen Zwangsmaßnahmen, um das Bevölkerungswachstum der Israeliten zu stoppen. Doch seine Anordnung, alle männlichen Nachkommen der Gastarbeiter sofort nach der Geburt zu töten, wird von den israelitischen Hebammen geschickt unterlaufen. Auf wunderbare Weise bewahrt wird auch das Baby, das seine Mutter kurz nach der Geburt im Schilf des Nilufers versteckt. Von einer ägyptischen Prinzessin beim Baden entdeckt, erhält es den Namen *Mose* und wird fortan am königlichen Hof großgezogen. Dieser kleine hebräische Junge scheint das große Los gezogen zu haben: Ein Leben in Glanz und Wohlstand, fernab von den geschundenen Volksgenossen. Doch Mose, inzwischen zum Mann gereift, vergisst seine Herkunft nicht. Empört über die Menschenschinderei erschlägt er einen ägyptischen Aufseher. Doch die erhoffte Solidarität unter den Israeliten bleibt aus. Mose muss fliehen.

Interessant:
Wie drücken sich heute Ehrfurcht und Respekt Gott gegenüber aus? Bedarf es dazu auch äußerer Zeichen (Ziehe deine Schuhe aus ...)?

Viele Jahre lebt er als einfacher Hirte unter den Midianitern. Die Erinnerung an die Zeit in Ägypten ist längst verblasst. Da macht er eines Tages eine sonderbare Entdeckung: Er sieht vor sich einen *brennenden Dornbusch*. Die Neugier treibt ihn zu diesem unerklärlichen Phänomen: Etwas, was brennt – und doch nicht *verbrennt?!*

Aus anderen Bibeltexten wissen wir, dass die Gegenwart Gottes als des Heiligen und Unnahbaren häufig mit *verzehrendem Feuer* in Verbindung gebracht wird. Deswegen zieht Mose seine Schuhe aus und verhüllt sein Angesicht. Aber Gott bleibt nicht der Unnahbare, vor dem der Mensch in Ehrfurcht erstarrt. Denn er ist *herabgestiegen* (Vers 8), um dem Leiden seines Volkes ein Ende zu machen. Mose soll Israel in die Freiheit führen. Er, der einst als junger Rebell so kläglich scheiterte, erschrickt angesichts dieses gewaltigen Auftrages Gottes. *Wer bin ich denn schon?* Da ist keine Spur mehr von dem jugendlichen Draufgänger, der die Befreiung seines Volkes notfalls auch im Alleingang schaffen wollte. Manchmal muss ein Mensch erst an sich selbst scheitern, bevor ihn Gott für seine Ziele gebrauchen kann.

9. Israels dramatische Befreiung
2. Mose 14

Interessant:
Stets hat das Schilf-
meerwunder Menschen in
ihrer Sehnsucht nach Befreiung beflügelt, wie der berühmte Spiritual amerikanischer
Negersklaven zeigt: Go down
Mose ...Und oft war das Schilfmeerwunder als äußere Rettung ein Sinnbild zur „inneren Rettung", die durch
Jesus Christus
geschieht.

Mose hatte von Gott den Auftrag, sein Volk aus Ägypten zu führen. Sein Bruder Aaron sollte ihm bei den Verhandlungen mit Pharao zur Seite stehen. Aber es kam, wie es kommen musste: Aus einem friedlich verabredeten Auszug der Israeliten wird nichts. Wann hat je ein Tyrann freiwillig auf seine Macht über Menschen verzichtet? Als Reaktion auf Moses Begehren werden bei den Israeliten erst einmal die „Daumenschrauben" fester angezogen. Sie müssen noch härter schuften. Erst als Gott mit dem Pharao eine andere Sprache spricht und ihn und das ägyptische Volk durch zahlreiche Seuchen und Naturkatastrophen unter Druck setzt, bricht der Bann. Der Pharao – es war wohl *Ramses II.* – gibt auf, und so können sich 600.000 Israeliten – Frauen und Kinder nicht mitgerechnet – auf den Weg in die Freiheit machen. Aber als Israel auf Geheiß Gottes nicht auf schnellstem Wege das Weite sucht, sondern zunächst auf ägyptischem Boden bleibt, wittern die Ägypter bei diesem seltsamen Fluchtweg plötzlich wieder Morgenluft. Pharao möchte das ganze Unternehmen wieder rückgängig machen und bietet dazu seine gesamte Streitmacht auf. Den Israeliten sinkt der Mut. Doch dann werden sie auf wunderbare Weise gerettet. Und dieses Wunder der Befreiung aus ägyptischer Sklaverei ist bis heute die Grundlage jüdischen Glaubens.

Die Erfahrung der Befreiung hat dabei für fromme Juden einen ähnlichen Stellenwert wie für die Christen das Kreuz Jesu. Beide, Juden wie Christen, rühmen Gott als Erretter und Befreier – nur, dass die einen sich dabei auf das Schilfmeerwunder und die anderen auf das Leiden, Sterben und Auferstehen Jesu beziehen. Über die Umstände dieses einzigartigen Schilfmeerwunders ist oft gerätselt worden, zumal der Bibeltext unterschiedliche Verstehensweisen nahe legt: Zieht Israel durch das Meer wie durch eine Gasse hindurch, wobei die Wasserfluten wie Mauern zur Rechten und Linken stehen? Oder wird das Wasser durch einen starken Wind zurückgedrängt – so wie bei Ebbe –, so dass die Israeliten trockenen Fußes hindurchziehen können, während die Ägypter von den zurückflutenden Wassermassen überrascht werden und ertrinken? Doch egal, wo und wie tief das Wasser auch war: Israel erlebte diesen Tag als das größte und beeindruckendste Wunder seiner Geschichte – bis heute!

10. Gottes Offenbarung am Sinai
2. Mose 19

Steht bis heute das Wunder der Befreiung ganz im Zentrum jüdischen Glaubens – das wichtigste jüdische Fest *Pessach* bzw. *Passa* wird in Erinnerung daran gefeiert –, so ist die Geschichte des *Exodus* alles andere als eine Siegerstory. Kaum sind die Israeliten ihre schlimmen Unterdrücker los, da beginnt auch schon die Unzufriedenheit – und damit die Verklärung der eigenen Vergangenheit. Auf seiner 40-jährigen Wüstenwanderung wird das Volk Israel immer wieder neu meckern und murren über die Bedingungen der Freiheit.

Um so erstaunlicher ist darum die Tatsache zu werten, dass Gott seine Lust an diesem undankbaren Volk nicht verliert und sich nicht enttäuscht von ihm abwendet. Im Gegenteil!

Interessant:

In seiner Erklärung zum 1. Gebot hat Martin Luther geschrieben, wir sollen Gott über alle Dinge fürchten, lieben und vertrauen. Inwieweit spiegelt unser Text beides, nämlich Gottesliebe und Gottesfurcht, wider?

Das 2. Buch Mose schildert in immer neuen Variationen, wie Gott sein Volk führt und leitet (durch die Wolken- und *Feuersäule*); wie er es in der Wüste versorgt (*mit Wachteln und Manna*); wie er mit ihnen einen Bund schließt und ihnen durch Mose die Ordnung für diesen Bund (*die Zehn Gebote*) übermittelt. Es ist schon faszinierend zu lesen, wie Gott trotz ständiger Eskapaden der Israeliten zu diesem Volk steht.

Mose wächst dabei in eine besondere Rolle als Mittler zwischen beiden hinein. Der Berg Sinai – später im Alten Testament auch Horeb genannt – erhält dabei eine besondere Bedeutung. Mose darf Gott als Einziger nahen und dem Volk die Botschaft überbringen, dass Gott Israel als sein Eigentumsvolk auserwählt hat. Zugleich aber hält Gott auf Abstand – und gibt dazu Mose sehr detaillierte Anweisungen, wie sich das Volk verhalten soll.

Uns muten diese Anweisungen eigentümlich fremd an, doch ist die damit verbundene Aussage klar: Gott ist nicht nur der liebende, sondern zugleich der heilige und erhabene Gott, in dessen Herrlichkeitsglanz sterbliche Menschen vergehen müssten. Es wird noch eine lange Zeit dauern, bis das Trennende zwischen Gott und den Menschen endgültig überwunden und eine ungetrübte Harmonie zwischen ihnen wieder möglich sein wird (vgl. unten Nr. 99).

24

11. Die Zehn Gebote
2. Mose 20, 1-17

Interessant:
Häufig werden die Zehn Gebote als Einschränkung der persönlichen Freiheit empfunden. Welches Denken könnte dahinter stehen?

Die Offenbarung Gottes am Sinai mündet in die Übergabe der Zehn Gebote an das Volk als der verbindlichen Lebensordnung für den zwischen Gott und Israel geschlossenen Bund. Dabei ist gleich der erste Satz von entscheidender Bedeutung: *Ich bin der HERR, dein Gott, der ich dich aus Ägyptenland, aus der Knechtschaft, geführt habe* (Vers 2). Am Anfang der gemeinsamen Geschichte stehen nicht Gesetze und Verordnungen mit der Androhung von Strafe bei Nichtbefolgung. Israel lernt Gott als den unbegreiflichen Befreier aus dem Elend seiner jahrhundertelangen Sklaverei kennen.

Mit dem 1. Gebot als „Visitenkarte" weist Gott noch einmal auf dieses Wunder der Befreiung hin. Damit ist jedes Missverständnis der Gebote als autoritärer Bevormundung bzw. Einengung menschlicher Freiheit unmöglich gemacht. Israel soll von Anfang an wissen: Die Gebote Gottes sind Hilfen für ein gelingendes Leben. Wer sich darüber hinwegsetzt, beleidigt nicht nur Gott; er beschädigt und zerstört am Ende sein eigenes Leben und das anderer Menschen.

Die Zehn Gebote sind bis heute die verbindliche Grundlage für das Leben von Juden und Christen. Er hat darüber hinaus staatliche Gesetzgebung und das moralische Bewusstsein vieler Völker bis in die Gegenwart hinein entscheidend geprägt. In der Tradition der christlichen Kirchen haben die Gebote eine dreifache Funktion:

1. Sie sind wie ein *Spiegel* und decken menschliche Versäumnisse und Verfehlungen auf. Am Maßstab der Gebote Gottes erkennen Menschen, was sie Gott und anderen schuldig geblieben sind.

2. Sie sind wie die *Zügel* eines Pferdes, indem sie Menschen Orientierung und Wegweisung geben. Und manchmal können sie auch – wie durch ein kurzes Anspannen der Zügel – ein deutliches „Stopp" signalisieren, wenn Menschen dabei sind, auf Abwege zu geraten.

3. Schließlich wollen die Gebote auch *Regeln* für das tägliche Leben sein. Dabei geht es nicht in erster Linie um das Vermeiden von bösen Taten. Die Gebote wollen stets ins Positive hinein ausgelegt werden. So soll etwa aus dem Verbot *Du sollst nicht töten* das Gebot werden *Du sollst das Leben anderer schützen*!

12. Der Bundesschluss am Sinai
2. Mose 24

Der große Tag der Vertragsunterzeichnung ist gekommen. Gott bindet sich für alle Zeiten an Israel als sein auserwähltes Volk. Wahrlich keine gleichrangigen „Vertragspartner": Auf der einen Seite der Herr der Welt – und auf der anderen Seite ein ehemaliges Sklavenvolk, mit dem kaum Staat zu machen ist. Eigentlich sieht alles mehr nach der Adoption eines armen Waisenkindes aus.

Ein Altar und 12 Steine. Mose malt dem Volk ein Bild vor Augen, das sie die Ereignisse des Tages sehen lässt. Der *Altar* steht für Gott, die *12 Steine* für die 12 Stämme Israels. Als Mose schließlich den Altar mit dem Blut eines geschlachteten Opfertieres besprengt und dabei auch das Volk mit einbezieht, spürt es hautnah: Jetzt sind wir ganz eng mit Gott verbunden. Blut als das entscheidende Symbol für Leben wird in der Geschichte Gottes mit Israel und schließlich mit der gesamten Menschheit eine entscheidende Bedeutung behalten. Es ist am Ende Jesus selbst, der wenige Stunden vor seiner Hinrichtung die Worte des Mose *Seht, das Blut des Bundes!* wieder aufnimmt. In der Feier des Abendmahles begründet er den *neuen Bund*, der durch sein Blut Gott und die Menschen für immer versöhnt (Matthäus 26,28; siehe unten Nr. 71).

Interessant: Blut hat in der Bibel eine einzigartige Symbolbedeutung. Wo lässt sich diese Symbolkraft auch in unserem Lebensumfeld heute entdecken?

Außergewöhnlich, ja einzigartig für das Alte Testament ist in unserem Text eine andere Bemerkung. Mose steigt mit den Ältesten als Abordnung des Volkes auf den Gipfel des Berges. Dort dürfen sie *den Gott Israel sehen.* Gott gewährt in seiner Heiligkeit und dem verzehrenden Glanz seiner Herrlichkeit sterblichen Menschen einen Moment des Schauens. Erst ganz am Ende der Bibel, wenn Gott *einen neuen Himmel und eine neue Erde* geschaffen hat, werden die Erlösten mit Gott in wunderbarer Harmonie für immer zusammenleben. *Dann wird Gott abwischen alle Tränen von ihren Augen, und der Tod wird nicht mehr sein, noch Leid, noch Geschrei, noch Schmerz wird mehr sein ...* (Offenbarung 21,4; siehe unten Nr. 99).

Ein Altar –
12 Steine

Der Altar steht für Gott, die 12 Steine für die 12 Stämme Israels.

DER BEGINN EINER TRAGÖDIE:

Israels fortwährender Bruch der Vertragsvereinbarungen

Mit Israels Befreiung, dem Bundesschluss am Sinai und der Lebensordnung der Zehn Gebote hatte Gott selbst die entscheidenden Voraussetzungen für eine Geschichte mit Happy End geschaffen. Hatte dieses befreite Sklavenvolk nicht allen Grund zur Dankbarkeit und zum Vertrauen in Gottes Führung? Müssten wir nicht erwarten, dass sich nach diesem großartigen Start die Geschichte Gottes mit seinem Volk zu einer grandiosen Erfolgsgeschichte entwickelt? Doch die Bibel erzählt es in ungeschminkter Nüchternheit ganz anders. Schon wenige Wochen nach der Befreiungsaktion geht das Jammern und Klagen los. Vergessen scheinen die Jahrhunderte elender Schufterei und Unterdrückung; nun sehnen sich die Israeliten plötzlich nach den Fleischtöpfen Ägyptens zurück – als hätten sie in der Fremde nicht oft genug Kohldampf schieben müssen.

Und dann, als Mose und die Ältesten nicht gleich von der Begegnung mit Gott auf dem Sinai zum Volk zurückkehren, werden sie ungeduldig. Sie gießen sich ihr eigenes Stierbild, das ihnen als Abbild Gottes voranziehen soll. Statt mit etwas mehr Geduld auf die Führung Gottes zu setzen und dabei Wartezeiten und Umwege in Kauf zu nehmen, erscheint es plötzlich praktischer und erfolgversprechender, ein sichtbares Abbild Gottes zu schaffen. Sie wollen letztlich selbst bestimmen, wo es lang gehen soll. Die Rechnung ist ganz einfach: Wohin sie nun das Stierbild tragen, dorthin muss dann auch ihr Gott mitgehen.

Doch der lebendige Gott macht Israel einen Strich durch die Rechnung. Er spielt nicht mit. Es kommt zum ersten, harten Strafgericht über das vertragsbrüchige Volk. Und trotzdem verliert Gott seine Lust nicht an diesem undankbaren Volk und wendet sich nicht enttäuscht von ihm ab. Im Gegenteil! Das 2. Buch Mose schildert in immer neuen Variationen, wie Gott sein Volk in der Wüste versorgt; wie er trotz aller Eskapaden Israels sein Treueversprechen nicht zurücknimmt. Ein unbegreiflich anhänglicher Gott!

13. Der große Versöhnungstag
3. Mose 16

Interessant:

Wo liegt der entscheidende Unterschied zwischen dem alttestamentlichen Opferkult und dem von Jesus Christus dargebrachten Opfer?

Der fortwährende Ungehorsam und der sich ständig wiederholende Bruch des Bundes durch Israel wirft schon bald die Frage auf, wie die Schuld des Volkes vergeben und der Bruch geheilt werden kann. Es entsteht in Israel ein umfänglicher Opferkult, der letztlich nur das eine Ziel verfolgt, nämlich das Volk von seiner Schuld zu entsühnen und die gestörte Bundesbeziehung wieder herzustellen. Alle diese Bemühungen um Entsühnung gipfeln in der feierlichen Liturgie des großen *Versöhnungstages*, zu dem das ganze Volk sich unter Führung des Hohenpriesters – in unserem Text ist es noch Aaron – am Heiligtum versammelt.

Bis heute feiert Israel diesen Tag als *Jom Kippur*, der zugleich den Abschluss einer mit dem jüdischen Neujahrstag – *Rosch-ha-Schana* – beginnenden zehntägigen Bußzeit ist und von den gläubigen Juden als strenger Fastentag begangen wird. Auf uns wirkt die komplizierte und langwierige Liturgie des Versöhnungstages nach 3. Mose 16 ausgesprochen befremdend. Aber die Häufung der verschiedenen Sühnehandlungen zeigt nur, wie ernst Israel seine Schuld vor Gott nimmt und welche zentrale Bedeutung der Sühnegedanke dabei gewinnt. Viermal vollzieht der Hohepriester für sich und die Priesterschaft (Verse 6.11.17.24), dreimal für die Gemeinde (Verse 10.17.24) und einmal für das Heiligtum (Vers 20) einen Sühneakt, bei dem der Blutritus eine wichtige Rolle spielt. Um schließlich ganz sicher zu gehen, dass die Schuld getilgt ist, wird alle Sünde des Volkes feierlich auf einen Schafbock gelegt. Dieser wird nun in die Wüste gejagt, um so die Missetaten der Menschen weit wegzutragen (Verse 21ff). Unser Reden vom *Sündenbock* hat demnach eine biblische Wurzel. Und dass bis heute für Schuld und Verfehlungen Sündenböcke gesucht und gefunden werden, zeigt nur: Selbst die Menschen unserer Tage entwickeln ihre weltlichen Liturgien, um Schuld und schlechtes Gewissen loszuwerden. Dabei ist es gar nicht mehr nötig, nach immer neuen *Sündenböcken* Ausschau zu halten. Denn einer hat sich freiwillig dazu bereit erklärt, die Schuld aller Menschen ein für allemal weg zu nehmen und Gott und Menschen wieder miteinander zu versöhnen. Das ist Jesus Christus, *der sich selbst als ein Opfer ohne Fehl ... dargebracht hat* (Hebräer 9,14).

14. Israels Glaubensbekenntnis
5. Mose 6

Die Erfahrungen, die Israel mit seinem Gott seit der wunderbaren Befreiung aus dem Elend der Sklaverei gemacht hat, verdichten sich zu einem Glaubensbekenntnis, das durch die Jahrtausende hindurch das Leben jüdischer Menschen begleitet hat. Wir finden den ersten Teil dieses Glaubensbekenntnisses in den Versen 4-9. Das *Sch'ma Jisrael* (hebräisch, abgeleitet von den beiden ersten Worten *Höre, Israel*) ist der erste hebräische Satz, den ein jüdisches Kind lernt, und es soll der letzte sein, mit dem ein glaubenstreuer Jude sein Leben beschließt. Es wird nach dem Aufstehen am frühen Morgen gesprochen – und nachts vor dem Schlafengehen. Jeder gläubige Jude, der das *Sch'ma Jisrael* spricht, gibt damit zu erkennen: Es mag in dieser Welt viele Herrscher und Mächte geben, aber ich will Gott, *den Einen und Einzigartigen*, mit allen Kräften meines Lebens lieben und ihm dienen.

Interessant:

Sollten sich nicht auch Christen ohne Scheu dafür einsetzen, dass das Kreuz seinen angestammten Platz im öffentlichen Leben bzw. in öffentlichen Räumen behält?

Das *Sch'ma Jisrael* ist wie ein Schwur auf das Bündnis mit dem einzigen Gott. Mit großem Elan wird dieses Bekenntnis immer wieder neu an jede nachwachsende Generation weitergegeben. Meist wird den Kindern die Befreiungsgeschichte Israels erzählt und sie werden in den Geboten Gottes unterwiesen. So hat es die jüdische Tradition weit besser als die christliche verstanden, innerhalb der Familie die Glaubensüberlieferungen zu tradieren und zu bewahren. Dabei verstehen die orthodoxen Juden die Aufforderung aus Vers 8 bis heute ganz wörtlich, indem sie sich beim täglichen Gebet sowohl auf der Stirn als auch am linken Oberarm kleine Lederkapseln umbinden, in denen sich die Abschrift der Gebote Gottes befindet.

Und noch ein Brauch ist bis heute im Judentum lebendig: An jeder Haus- oder Wohnungstür (und selbst an Hotelzimmertüren) befindet sich eine schmale längliche Kapsel – die so genannte *Mesusa* –, in der sich auf einem Zettel das *Sch'ma Jisrael* befindet. Zum Zeichen der Ehrerbietung wird jedesmal beim Eintreten in das Haus bzw. Zimmer die *Mesusa* mit der Hand berührt. Hinter dieser Praxis steht gewiss auch die Erfahrung, dass äußere Zeichen und Symbole Anstoß und Hilfe sind, den Glauben lebendig – oder doch wenigstens das Fragen danach wach zu halten.

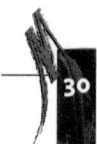

DIE LANDNAHME –
Gott bestätigt seine Zusagen

Es ist ein langer Weg, den Israel von der Flucht aus Ägypten bis zu seiner Ankunft in dem von Gott verheißenen Land Kanaan gehen muss. Eine vierzigjährige Wüstenwanderung für eine Distanz, die unter normalen Umständen in wenigen Wochen zu bewältigen gewesen wäre. Warum dieses jahrzehntelange „Auf-der-Stelle-Treten"?

Die in den biblischen Texten gegebene Antwort ist eindeutig. Es ist der fortwährende Ungehorsam des Volkes, die andauernde Unzufriedenheit mit den Lebensumständen in der Wüste, auf die Gott mit der Verzögerung der Einwanderung nach Kanaan reagiert. So stirbt eine ganze Generation darüber hinweg, ohne das von Gott verheißene Land je betreten zu haben. Und auch Mose, der zwar vom Berg Nebo einen Blick in das Land jenseits des Jordan tun darf, muss zurückbleiben und stirbt in`der Wüste.

Aber auch noch aus einem anderen Grund gestaltet sich die Einwanderung nach Kanaan so schwierig. Denn dieses Land ist ja nicht menschenleer. Es leben dort viele Völkerschaften, organisiert in etlichen Stadtstaaten, die jeweils einen eigenen König haben. Diese Völker waren den Israeliten, dem ursprünglichen Nomadenvolk und zuletzt jahrhundertelang versklavt, in ihrer Zivilisation, Kultur und Technik weit überlegen. Aus der Sicht der armen Wüstennomaden erschien Kanaan, dieser ca. 200 km lange und 80 bis 100 km breite Küstenstreifen am Mittelmeer, wie ein Land, in dem Milch und Honig fließen, d.h. wie ein Schlaraffenland. Und als Mose durch eine Reihe von Männern heimlich das verheißene Land auskundschaften lässt, sinkt dem Volk angesichts ihrer Berichte über die Stärke der dort lebenden Völker und ihrer befestigten bzw. bewaffneten Städte der Mut. Nur Josua und Kaleb halten an den Verheißungen Gottes fest und rechnen mit seinem wunderbaren Eingreifen.

Josua ist es dann auch schließlich, den Gott selbst zum Nachfolger Moses bestimmt und der jetzt die Geschichte Gottes mit Israel fortführt, bis es schließlich im verheißenen Land zur Ruhe kommt. Das Buch Josua schildert die entscheidenden Ereignisse der Landnahme, die von erstaunlichen Wundern begleitet ist. Es enthält im zweiten Teil eine umfassende Darstellung über die Aufteilung des Landes an die 12 Stämme Israels. Mit protokollarischer Sorgfalt wird festgehalten, dass nichts dahingefallen war von all dem guten Wort, das der HERR dem Hause Israel verkündigt hatte. Es war alles gekommen (Josua 21,45).

Interessant:

Unsere Verlegen-
heiten sind immer
Gottes Gelegen-
heiten. Hat sich
dieser Erfahrungs-
satz glaubender
Menschen in meiner
eigenen Leben
bestätigt?

Nach dem friedlich vollzogenen Übergang über den Jordan steht Israel vor seiner größten Bewährungsprobe auf dem Weg ins verheißene Land: der Eroberung Jerichos. Vom militärischen Standpunkt betrachtet ist es ein aussichtsloses Unternehmen! Jericho, nahe am Jordan in einer fruchtbaren Oase gelegen, war ein mit imposanten Stadtmauern versehener Handelsplatz: Schon damals eine der ältesten Städte der Erde. Die entscheidende Aussage steht am Anfang des Kapitels, als Gott Josua wissen lässt: *Siehe, ich habe Jericho ... in deine Hand gegeben* (Vers 2). Und so findet auch keine Eroberung statt, die durch militärisches Geschick oder Überlegenheit der Israeliten erklärbar wäre. Vielmehr soll Israel eine Woche lang immer wieder in einer feierlichen Prozession um die Stadt herumziehen: Dabei soll nichts anderes geschehen, als dass die Priester auf dem *Schophar* (statt *Posaunen* wie Luther übersetzt hat; es handelt sich um Widderhörner, die als Signalhörner verwandt wurden) blasen und das Volk ein *Kriegsgeschrei* erhebt. Und dann heißt es ganz lapidar am 7. Tage dieser seltsamen Prozession: *Da fiel die Mauer um ...* (Vers 20).

Nicht, weil die Priester so laut geblasen oder das Volk so markerschütternd geschrien hätte, sondern weil Gott es so beschlossen hatte. Und dass Mauern bis heute auf wunderbare Weise einstürzen können, haben wir selbst in unserer Generation mit dem Fall der Berliner Mauer miterlebt.

Die Bewohner von Jericho werden gebannt und verfallen damit dem Gericht Gottes. Ein Urteil, das wir heute nur schwer nachvollziehen können. Dafür empfinden wir Genugtuung mit dem Schicksal der Prostituierten Rahab, die bei der Eroberung Jerichos samt ihrer Familie verschont bleibt. Sie hatte kurz zuvor unter Lebensgefahr israelitische Kundschafter in ihrem Hause versteckt und dabei den Männern das Versprechen abgenommen, nach erfolgtem Sieg Israels über Jericho mit ihrer Familie am Leben zu bleiben.

Es gehört mit zur augenzwinkernden Ironie der Bibel, dass diese in ihrem Lebenswandel so fragwürdige Frau bis ins Neue Testament hinein unvergessen bleibt. So finden wir Rahab im Stammbaum Jesu wieder (Matthäus 1,5), und der Hebräerbrief erwähnt sie sogar ausdrücklich als Beispiel eines vorbildlichen Glaubens (Hebräer 11,31).

G. Der Landtag zu Sichem: Ein Volk muss sich entscheiden

Josua 24

Israel hatte das von Gott versprochene Land eingenommen. Sein Führer Josua war darüber ein alter Mann geworden. Er spürt: Das Ende meiner Mission ist gekommen. Da versammelt er noch einmal die Stämme Israels in Sichem: an jenen Ort, wo er das Volk nach der Eroberung der Ortschaft Ai neu unter das Gesetz Gottes gestellt und einen Altar errichtet hatte (Josua 8,30-35). In einer bewegenden Rede, die zugleich Bilanz und Vermächtnis seines Lebens darstellt, erinnert er die Israeliten an das Handeln Gottes von der Erwählung Abrahams bis in die Gegenwart hinein. Es ist eine fortwährende Geschichte von Rettung und Bewahrung, ohne die Israels Existenz nicht vorstellbar wäre.

Baal-Abb. auf einer Steintafel, die aus der Stadt Ugarit stammt, ca. 1200 v. Chr.

Doch wie wird diese Geschichte nach der Sesshaftwerdung in Kanaan weitergehen? Josua sieht, dass sein Volk vor schicksalsträchtigen Entscheidungen steht. Wird es einen Rückfall in das Heidentum der Väter bzw. Vorväter geben? Oder – was sicher noch näher liegt: Werden sich die Israeliten mit dem in Kanaan ansässigen Fruchtbarkeitskult der *Baale* und *Astarten* arrangieren? Werden sie womöglich *JAHWE*, den Gott Israels, weiter als Herrn der Geschichte verehren – und zugleich für das Gedeihen der Felder, Weinberge und Gärten die Fruchtbarkeitsgötter der Kanaanäer in Anspruch nehmen?

Für Josua gibt es nur ein klares Entweder – Oder. So fordert er in dieser Stunde der Entscheidung von seinem Volk ein unzweideutiges Bekenntnis und geht dabei selbst mit gutem Beispiel voran: *Ich aber und mein Haus wollen dem HERRN dienen* (Vers 15). Die Aufforderung und das Bekenntnis des Josua verfehlen ihre Wirkung nicht. Israel ist bereit, seinem Gott ohne Wenn und Aber zu dienen. Aber ist dies womöglich nur ein leichtfertiger Treueschwur – ausgelöst durch die besondere Feierlichkeit des Augenblicks?

Interessant:

Eindeutige Bekenntnisse, wie Josua sie damals von seinem Volk forderte, liegen nicht im Trend unserer Zeit. Viele möchten sich auch in religiösen Fragen unterschiedliche Optionen offen halten. Lässt sich diese Haltung mit dem Bekenntnis zum christlichen Glauben vereinbaren?

Die Zeit der Richter

Das Volk Israel lebt nun nach der Landnahme im von Gott versproche-
nen Land. Aber es lebt dort nicht allein. Organisiert als loser Zwölf-
Stämme-Verband existiert es neben den kanaanäischen Stadtkönig-
tümern. Schon bald stellt sich die Frage, wie sich Israel in dieser
Situation behaupten kann: Religiös bedroht durch den kanaanäischen
Baalskult mit seinen beeindruckenden Opferstätten auf den
Bergeshöhen; politisch gefährdet durch beutegierige Nachbarvölker, die
immer wieder ins Land einfallen und Israel oft an den Rand des
Untergangs bringen.

In dieser doppelten Gefährdung beruft Gott immer wieder charismati-
sche Führerpersönlichkeiten, die in Zeiten besonderer Bedrängnis Israel
von der Fremdherrschaft erlösen und die Ordnung Gottes, von der das
Volk abgewichen war, wieder herstellen. Die Bezeichnung dieser Führer
als Richter ist ein wenig irreführend: Zwar gab es in dieser frühen
geschichtlichen Zeit in Israel das Amt eines Richters, das der
Rechtstradition diente und ein Amt auf Lebenszeit war. Aber die im
Richterbuch erzählten Geschichten handeln nur mit wenigen Ausnahmen
von Führern, die zugleich auch das Richteramt in Israel bekleideten.
Ansonsten haben wir uns diese Richter als Stammesführer vorzustellen,
über die in Notzeiten der Geist des HERRN kam, um Israel von
Fremdherrschaft zu erlösen. Dabei folgen die Geschichten im Richterbuch
einem stets wiederkehrenden Schema:

- *Abfall Israels (… und dienten anderen Göttern)*
- *Unterdrückung durch Feinde*
- *Hilfeschrei zu Gottt*
- *Befreiung Israels durch einen von Gott auserwählten Richter*

Die in dieser Zeit offene Frage aber wird immer dringlicher: Braucht
der Stämme-Verband Israel nicht eine klare Leitungsstruktur, die auf
Dauer angelegt ist, um gegen seine Nachbarvölker bestehen zu können?
Interessanterweise endet das Richterbuch mit der Feststellung: Zu der
Zeit war kein König in Israel; jeder tat, was ihm recht dünkte (Richter
21,25). Der Ruf nach der Monarchie sollte in Israel immer lauter werden.

7. Gideon – Befreier in der Stunde der Not
Richter 6,11-40

Die Geschichte *Gideons* ist ein anschauliches Beispiel für die Eigenart der charismatischen Führer in der Richterzeit. Ausgangspunkt ist die Bedrückung durch die Midianiter, die mit überfallartigen Raubzügen immer wieder nach Kanaan eindringen, die Ernte zerstören und die Herden rauben. Da kommt ein Bote Gottes zu dem Bauernsohn Gideon und beruft ihn zum Befreier seines Volkes. Gideon sträubt sich zunächst, kommt er doch aus einem kleinen, unbedeutenden Stamm und ist zudem noch der Jüngste in der Familie. Aber so ist Gott eben: Er beruft gerade die untauglich Scheinenden und sagt ihnen seine persönliche Gegenwart zu.

Interessant:

Haben Sie auch schon einmal in bestimmten Lebenslagen Gott um ein Zeichen gebeten? Würden Sie es noch einmal tun? Kommen Ihnen bei der Vorgehensweise Gideons (Verse 36 – 40) Bedenken?

Das Zeichen, das Gideon zur Bestätigung seiner Berufung erbittet, unterstreicht, dass Gottes Kraft mit Gideon sein wird.

Doch bevor Gideon sein Volk von den Midianitern befreit, hat er zunächst eine noch wichtigere Mission zu erfüllen: Gott macht ihm klar, dass der Kampf um das Land zugleich ein Kampf für die Alleinherrschaft und Ehre JAHWES, des Gottes Israels, ist. Befremdend genug, dass der kanaanäische Fruchtbarkeitskult der Baale selbst in Gideons Familie Eingang gefunden hatte. So bekommt Gideon den delikaten Auftrag, den Baal-Altar seines eigenen Vaters zu Kleinholz zu schlagen und durch diese Zerstörungsaktion den Abfall Israels und seinen Aberglauben zu entlarven.

Gideon sucht sich für dieses nicht ungefährliche Vorhaben Verbündete – auf sich allein gestellt fühlt er sich wohl zu schwach – und führt den Auftrag Gottes in einer Nacht- und Nebelaktion durch. Und siehe da: Selbst der eigene Vater scheint durch das entschlossene Vorgehen seines Sohnes von seinem Heiden-Respekt vor dem Baalskult befreit zu sein. Plötzlich sackt der ganze heidnische Kult wie ein angestochener Luftballon in sich zusammen. Nach dieser Klarstellung ist Gideon zum Kampf gegen die Midianiter und Amelekiter gerüstet, zumal *der Geist des HERRN den Gideon erfüllt* (Vers 34). Doch abermals erbittet Gideon zur eigenen Vergewisserung ein Zeichen von Gott: Er will nichts unternehmen, ohne 100%ig gewiss zu sein, dass Gott hinter ihm steht.

Die Geschichte des Königtums in Israel

Vom Ende der Landnahme ca. 1100 v.Chr. bis zur Zerstörung Jerusalems durch die Römer 70 n.Chr. hat Israel nur etwa 430 Jahre seiner staatlichen Existenz auf ein Königtum gegründet: In der Zeit von Saul (ca. 1020 v.Chr.) bis Zedekia, dem letzten, nach Babylon verschleppten König (587 v.Chr.).

Wenn man dazu bedenkt, dass das zunächst unter Saul und David geeinte Königtum bereits nach Salomo (926 v.Chr.) in zwei Reiche (Israel im Norden und Juda im Süden) aufgeteilt wurde und diese schon bald von assyrischen bzw. später neubabylonischen Oberherren abhängig waren, dann wird deutlich: Die Geschichte des Königtums in Israel bietet wenig Glanz, dafür in der Zeit nach Salomo um so mehr Schatten.

Dass Israel als zunächst recht loser Zwölf-Stämme-Verband auf die Dauer nicht mit je und dann berufenen charismatischen Stammesführern eine stabile politische Ordnung würde aufbauen können, war klar. Der Ruf nach einem König war darum verständlich. Doch gab es auch Einwände dagegen: War nicht JAHWE selbst Israels König, der sein Volk auf wunderbare Weise geführt und immer wieder neu aus der Hand seiner Feinde errettet hatte? Wie konnte Israel mit einem König der Gefahr entgehen, damit Gott „abzuwählen"? Die Antwort, die Israel fand, war deutlich: Jeder König in Israel war an das Bundesbuch bzw. das Gottesrecht gebunden; auch persönlich hatten sich die Könige diesem Recht zu unterwerfen. Propheten, die den Königen zur Seite gestellt wurden, hatten für die Einhaltung des Bundes Sorge zu tragen. Allerdings redeten sie häufig doch nur ihren Königen nach dem Munde.

Die politische Bedeutung und räumliche Ausdehnung, die Israel unter den beiden Königen David und Salomo errang – es war im 10. vorchristlichen Jahrhundert die beherrschende Macht im Nahen Osten –, hat es in seiner späteren Geschichte nie wieder erlangt. Das Urteil über die insgesamt 42 Könige, die in Israel bzw. Juda regierten, fiel in der Einschätzung jahwetreuer Geschichtsschreiber fast ausnahmslos negativ aus: Sie taten fast alle, was dem HERRN mißfiel.

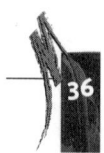

Israel zur Zeit der Richter und zum Beginn des Königtums

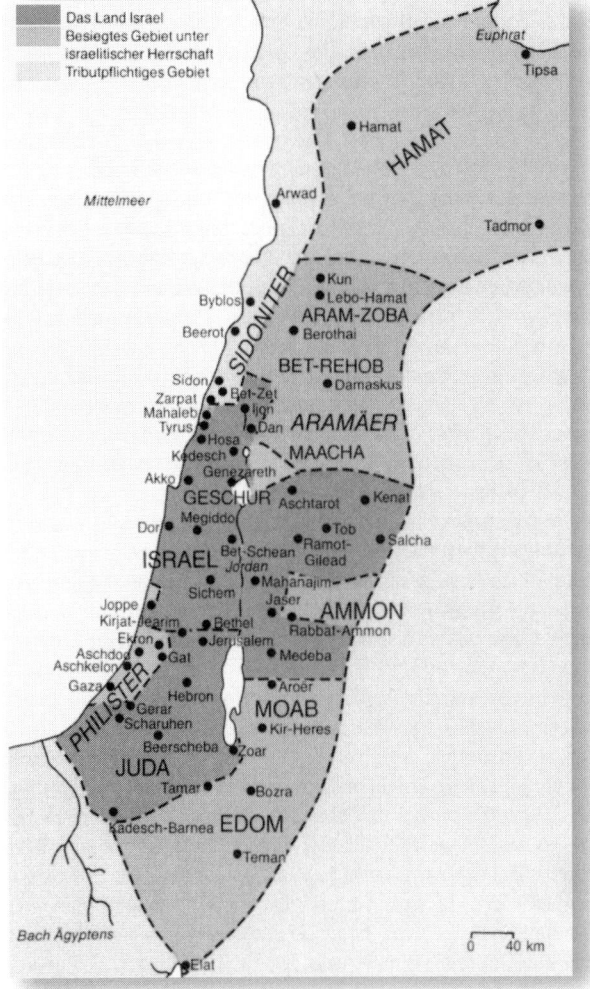

Das Land Israel
Besiegtes Gebiet unter israelitischer Herrschaft
Tributpflichtiges Gebiet

Mittelmeer

Euphrat
Tipsa

Hamat
HAMAT

Arwad

Tadmor

Kun
Lebo-Hamat
Byblos
ARAM-ZOBA
Beerot
Berothai

BET-REHOB
Sidon
Damaskus
Zarpat · Bet-Zet
Mahaleb Ijon
Tyrus ARAMÄER
Hosa Dan
Kedesch MAACHA
Akko Genezareth
GESCHUR Aschtarot Kenat
Dor Megiddo
Tob
ISRAEL Bet-Schean Ramot- Salcha
Jordan Gilead
Sichem Mahanajim
Jaser
Joppe AMMON
Kirjat-Jearim Bethel
Ekron Jerusalem Rabbat-Ammon
Aschdod Gat Medeba
Aschkelon
Gaza Aroer
Hebron MOAB
Gerar Kir-Heres
Scharuhen
Beerscheba Zoar
JUDA
Tamar Bozra
Kadesch-Barnea EDOM
Teman

Bach Ägyptens

0   40 km

Elat

18. Israel begehrt einen König
1. Samuel 8

Was aus der bisherigen Geschichte Israels nach der Landnahme nur allzu verständlich erscheint – nämlich der Ruf nach einem König als Garanten für eine stabile staatliche Ordnung – wird von *Samuel*, dem letzten Richter in Israel, als ein schweres Unrecht empfunden. Ja, Gott selbst gibt ihm in dieser Einschätzung Recht, wenn er die Bitte des Volkes um einen König als einen Affront gegen seine Alleinherrschaft deutet. Um so überraschender ist es daher, dass Gott trotzdem anweist, man solle dem Wunsch des Volkes nach einem König nachgeben. An anderer Stelle – 1. Samuel 11 zum Beispiel – wird die Einführung des Königtums jubelnd und dankbar begrüßt als Gabe Gottes an sein Volk, durch die er ihm aus schwerer Bedrängnis hilft.

Offensichtlich gibt es zwei unterschiedliche Traditionsstränge, die über die Entstehung des Königtums in Israel berichten. Die kritische Darstellung in 1. Samuel 8 spiegelt die insgesamt doch recht negative Erfahrung mit der Geschichte des Königtums in Israel wider. Sie ist sozusagen schon das Urteil, das vom Ende her gesprochen wird.

Zu der Erblast, die das Volk mit der Einführung des Königtums zu tragen hat, gehört auch das so genannte Königsrecht, das Samuel dem Volk zur Abschreckung vor Augen stellt: So haben die Söhne Militärdienst bzw. Frondienst zu leisten; das Volk wird mit erheblicher Steuerlast bis hin zur Enteignung rechnen müssen. Schreckensbilder, die unter den späteren Königen Israels oft genug bittere Wirklichkeit werden sollten.

Aber in dieser Stunde ist das Volk taub für solche Warnungen. Es will nun endlich seinen König, – und es bekommt ihn. Aufregend genug bleibt die Tatsache, dass sich die Einführung der Monarchie in Israel nicht durch einen Putsch bzw. eine Machtergreifung von oben vollzieht, sondern aufgrund einer Bürgerbewegung bzw. eines Volksentscheides.

19. Saul – Israels erster König
1. Samuel 10,17-11,15

Interessant:

Saul verhält sich seinen Kritikern gegenüber als ausgesprochen klug bzw. großzügig. Er nutzt seine neu gewonnene Macht nicht aus. Lässt sich sein Verhalten auch auf unsere Lebensverhältnisse übertragen?

Über den geschichtlichen Hergang der Berufung bzw. Salbung Sauls zum ersten König Israels gibt es in 1. Samuel 9 – 11 mehrere Berichte: So bekommt Samuel von Gott den Auftrag, den ihm unbekannten Saul aus dem Stamm Benjamin zum König zu salben. Der Erzähler berichtet von einem fremd anmutenden Gemeinschaftsmahl, von der Begegnung mit einer ekstatischen Prophetenschar, durch die dann auch Saul in Verzückung gerät und einer feierlichen Volksversammlung, bei der die zwölf Stämme von Samuel nach Mizpa einberufen werden, wo schließlich das Los auf Saul fällt und er unter den Hoch!-Rufen des Volkes zum König proklamiert wird.

Doch fällt schon hier ein erster Schatten auf das Königtum Sauls. Offensichtlich sind längst nicht alle mit seiner Wahl zum König einverstanden: *Aber einige ruchlose Leute sprachen: Was soll der uns helfen? Und sie verachteten ihn und brachten ihm kein Geschenk. Aber er tat, als hörte er's nicht* (1. Samuel 10,27).

Vermutlich gibt aber erst das 11. Kapitel des 1. Samuelbuches geschichtlich am zutreffendsten wieder, wie Saul König wurde. In diesem Kapitel wird Saul in der Reihe der charismatischen Führergestalten der Richterzeit geschildert: *Da geriet der Geist Gottes über Saul ...* (Vers 6).

Angesichts der Gefährdung Israels durch die Philister ruft Saul ein beachtliches militärisches Aufgebot zusammen und befreit die Stadt Jabesch von ihren Bedrohern. Mit der anschließenden Berufung bzw. Bestätigung Sauls zum König ist die Richterzeit in Israel abgeschlossen.

Doch auch bei dieser Schilderung der Erhebung Sauls zum König fällt in den allgemeinen Jubel ein Wermutstropfen. So wird eine königsfeindliche Gruppe mit dem Satz zitiert: *„Sollte Saul über uns herrschen?"* (Vers 12). Auch wenn anschließend noch von Sauls großartigem Sieg über die Philister berichtet und seine Herrschaft insgesamt positiv bewertet wird, so ist sein Königtum von einer tiefen Tragik durchzogen. Noch während Saul König ist, geht strahlend ein anderer Stern auf: *David.*

20. David – Israels strahlender Stern
2. Samuel 2,1-7 und 5,1-12

Obwohl Saul als König Gott und dem Volk dienen möchte, endet er als ein von Gott Verworfener. Er verwickelt sich schon bald in einen tragischen, weil letztlich unnötigen Konflikt mit David, in dem er seinen Konkurrenten und Widersacher zu erblicken glaubt. Sein Tod von eigener Hand – er stürzt sich in einem aussichtslosen Kampf gegen die Philister in sein eigenes Schwert – gehört zu den erschütterndsten Stunden in der Geschichte Israels.

Interessant:
Die so gegensätzlich verlaufene Geschichte von Saul und David lässt sich – vereinfachend – unter der Überschrift Verwerfung und Segen zusammenfassen. Was kann ein Mensch tun, damit sein Leben unter dem Segen Gottes steht – und er vor der Verwerfung durch Gott bewahrt bleibt?

Um so strahlender hebt sich auf der dunklen Folie des Schicksals Sauls die Geschichte vom Aufstieg Davids als seines Nachfolgers ab. In diesem Aufstieg erfüllt sich endlich, was Israel sich von der Zeit Abrahams an für seine Zukunft erhofft hatte: ein einiges Volk mit einem starken Führer unter dem sichtbaren Segen Gottes zu sein. Es ist kein Bruch, kein dunkler Fleck in diesem Aufstieg.

In unwiderstehlicher Kraft begegnet David einer Bedrohung nach der anderen und überwindet sie als ein Held. In weitblickender Klugheit weiß er die schwierigsten Situationen zu meistern und die Herzen seiner Gegner zu gewinnen. Aber zu seiner Kraft und Klugheit kommt noch etwas anderes hinzu: Man kann es geradezu mit Händen greifen, dass dieser König ein von Gott in besonderer Weise Gesegneter ist. Ja, er ist Gottes strahlendes Geschenk an sein Volk. Nie wieder wird Israel in seiner Geschichte noch einmal eine so helle Epoche erleben. Es überrascht daher nicht, dass David für Israel der Inbegriff des Königtums wird – und zugleich Vorbild für den für die Zukunft erwarteten Heilskönig, den Messias *aus dem Hause Davids*. In 2. Samuel 2,11ff. wird der 30-jährige David – vielfach bewährt als erfolgreicher Führer einer Freischärler-Truppe – zunächst in Hebron von den Südstämmen zum König über den Landstrich Juda ausgerufen. Sechseinhalb Jahre später übertragen ihm dann auch die Nordstämme die Königswürde: So wird David in Personalunion König über *Juda* und *Israel*. In einem äußerst klugen Schachzug erobert er die auf der Grenze zwischen Nord- und Südreich gelegene Stadt Jerusalem und macht sie als *Stadt Davids* zur neuen Residenz.

21. Gottes Zusage an David und sein Königtum

2. Samuel 7

Kaum war Jerusalem zur neuen Residenz für das unter David geeinte Reich geworden, da möchte der neue König die Stadt auch zum religiösen Mittelpunkt für Israel machen. Aus diesem Grund holt er die Bundeslade mit den Gesetzestafeln nach Jerusalem. Doch seine Pläne gehen noch weiter: Er will in Jerusalem einen Tempel bauen, in dem die lange vernachlässigte Bundeslade eine endgültige Heimstatt finden soll. Der Prophet *Nathan* – von dieser Idee zunächst sehr angetan – wird von Gott selbst „zurückgepfiffen": Nicht David soll Gott ein Haus errichten, vielmehr will Gott dem *David ein Haus bauen* und sagt ihm für die Zukunft das ewige Bestehen seines Königtums zu (Vers 16).

Interessant:

Was bewahrt Menschen, die erfolgreich und mächtig sind, vor Überheblichkeit?

Eine in ihrer Bedingungslosigkeit geradezu atemberaubende Aussicht: Davids Dynastie soll durch den wechselvollen Lauf der Geschichte für immer Bestand haben. Geschichtlich in Erfüllung gegangen ist diese Verheißung offensichtlich nicht: Der letzte Spross aus der Dynastie Davids, *Jojachim*, endet ca. 4 Jahrhunderte später im babylonischen Exil. Doch obwohl die Verheißung vom ewigen Königtum Davids im Widerspruch zum politischen Niedergang Israels steht, haben insbesondere die Propheten bis zuletzt daran festgehalten, besonders *Jesaja* und *Micha*. Erfüllt haben sich die Zusagen Gottes aber am Ende auf eine völlig andere, unerwartete Weise: Insbesondere der Evangelist *Lukas* macht deutlich, dass die Verheißung an David ihre endgültige Erfüllung im Kommen des einfachen Zimmermannssohnes *Jesus von Nazareth* – Nachfahre des großen David: vgl. Matthäus 1 – findet. Von dieser Erfüllung her liegt die Größe und die Begrenzung der Dynastie Davids in der schattenhaften Vorabbildung dessen, was in Jesus als dem *Reis aus dem Stamm Isais* (Jesaja 11,1) für alle Welt kommen sollte.

David selbst reagiert auf die ihm von Nathan überbrachte Verheißung Gottes auffallend demütig. Wo andere Machthaber sich längst zur Überheblichkeit hätten hinreißen lassen, will David nicht mehr als ein Werkzeug in Gottes Hand sein. Und auch wenn es in seinem späteren Leben noch manche Verfehlung geben wird, so stellt sich dieser König doch seiner Schuld und weiß, dass auch er Gottes Vergebung bedarf (vgl. Psalm 51; vgl. unten Nr. 25).

22. Salomos Tempelweih-Gebet
1. Könige 8,12-30

War es David noch verwehrt geblieben, Gott einen Tempel zu bauen, so hatte ihm Gott durch den Propheten Nathan doch ausrichten lassen, dass einmal Davids Sohn dieses Vorhaben verwirklichen dürfe. Vier Jahre nach seinem Regierungsantritt beginnt Salomo mit dem Bau des Tempels – übrigens genau an der Stelle, an der heute in Jerusalem der islamische Felsendom mit seiner goldenen Kuppel steht –, und nach siebenjähriger Bauzeit ist das Werk vollendet. Mit einem sieben Tage währenden Fest wird der Tempel eingeweiht, wobei zunächst die bereits von David nach Jerusalem überführte Lade in einer feierlichen Prozession in den neu erbauten Tempel gebracht wird.

Interessant:
Wo habe ich in meinem Leben Gottes Nähe am eindrücklichsten erfahren?

In einem langen Gebet wendet sich der König an Gott. Er erinnert an die Vorgeschichte, wonach sein Vater David auf die Weisung Gottes hin den Tempelbau seinem Sohn überlassen musste. Doch dann folgt das Lob der Treue Gottes, der wie kein anderer zu seinem Wort und seinem Bund steht. Der allerdings auch von seinem Volk erwartet, dass es ihm *von ganzem Herzen* (Vers 23) gehorsam ist. Auf dieser verlässlichen Grundlage, dass Gott seinen Bund und seine Treue hält, bittet nun Salomo darum, dass Gott auch in Zukunft sein Wort wahr macht und zu seinen Verheißungen steht. Das Tempelweih-Gebet Salomos ist in diesen Passagen (Verse 24 und 25) ein schönes Beispiel dafür, wie wir Menschen uns bis heute bei Gott im Gebet auf seine Zusagen berufen; ja, geradezu ihm *„den Sack seiner Verheißungen vor die Füße werfen"* dürfen (so Martin Luther).

Überraschend taucht in dem Gebet Salomos plötzlich die Frage auf: *Aber sollte Gott wirklich auf Erden wohnen?* (Vers 27). Natürlich sollte der Tempel in der Sicht frommer Israeliten die Wohnung Gottes sein, doch liegt in dieser Vorstellung Engführung und Gefährdung zugleich. Gott ist in seiner Souveränität größer und in seiner Wirksamkeit weiter, als dass er sich auf einen von Menschen gebauten Tempel beschränken ließe. Ja, manchmal sind sogar Tempel und Dome in der Gefahr zur Räuberhöhle (so Jesu Kritik am Tempelbetrieb in Markus 11,17) zu werden, aus denen Gott sich längst zurückgezogen hat. Darum bittet Salomo: *Laß deine Augen offen stehen über diesem Hause Tag und Nacht ...* (Vers 29).

Der Tempel und seine Bedeutung
für den Glauben Israels

Als Israel bei seiner 40 Jahre währenden Wanderung durch die Wüste in Zelten wohnte, hatte es ein „Zelt"-Heiligtum, die transportable Stiftshütte, in dessen hinterem Raum – dem Allerheiligsten – die Bundeslade mit den Gesetzestafeln aufbewahrt wurde. Nach der Landnahme wurde die Stiftshütte bis zum Bau des salomonischen Tempels von einem Ort zum anderen gebracht. Erst Salomo durfte dann den von seinem Vater David geplanten Tempel bauen, wobei die Stiftshütte das bauliche Vorbild abgab. Von seinen räumlichen Dimensionen her war der Tempel Salomos eher eine Kapelle als eine Kathedrale. Er maß etwa 27 m (Länge) x 9 m (Breite) x 13 m (Höhe). Für den Glauben Israels jedoch hatte der Tempel eine einzigartige Bedeutung: Zu Tausenden strömte das Volk zu den großen Festen zum Tempel nach Jerusalem: der Zion, d.h. der Tempelberg in Jerusalem wurde zum Inbegriff israelitischer Frömmigkeit. Eine große Priesterschaft versah gemeinsam mit den Leviten den täglichen Tempeldienst mit seinem umfangreichen Opferkult. Als 587 v.Chr. der Tempel nach der Eroberung Jerusalems von Nebukadnezar zerstört wurde, war das Entsetzen über dieses Geschehen unter den Besiegten groß. Nach der überraschenden Rückkehr aus dem Exil machten sich die Juden daran, in mühsamer Arbeit den alten Tempel wieder aufzubauen (515 v.Chr.). Allerdings erreichte dieser Tempel bei weitem nicht mehr die Pracht seines salomonischen Vorbildes.

Es sollte ein kluger Schachzug des von den Römern eingesetzten idumäischen Königs Herodes des Großen sein, mit einem völligen Um- und Neubau des Tempels seine jüdischen Untertanen freundlich zu stimmen. An diesem Tempel wurde in der Zeit von 19 v.Chr. bis 64 n.Chr. mit Unterbrechungen insgesamt 46 Jahre gearbeitet. Es ist der Tempel, in dem Jesus kurz nach seiner Geburt beschnitten wurde und dessen zu geschäftigem Treiben verflachten Kultbetrieb er später in scharfen Worten geißelt. Doch auch dieser überaus prächtige Tempel fällt kurz nach seiner Fertigstellung der Zerstörung durch die Römer im Jahre 70 n. Chr. zum Opfer. Heute versammeln sich fromme Juden zum Gebet an der Jerusalemer Klagemauer, z.T. sind die mächtigen Steinquader noch Überreste des herodianischen Tempels. Unter den orthodoxen Juden ist es bis heute eine Streitfrage, ob der Tempel wieder aufgebaut werden soll – oder ob man die Ankunft des Messias abzuwarten habe. Christen hingegen erwarten mit der Wiederkunft Jesu das neue Jerusalem, in dem es keinen Tempel mehr geben wird, denn der HERR, der allmächtige Gott, ist ihr Tempel (Offenbarung 21,22).

24. Eine vernichtende Bilanz
2. Könige 17,7-23

Interessant:

Normalerweise hätte
mit dem politischen
Untergang Israels auch
die Religion dieses Volkes
sich auflösen müssen – wie
wir es aus vergleichbaren
geschichtlichen Situationen
her kennen. Aber JAHWE
erweist sich gerade auch
im Zusammenbruch sei-
nes Volkes als geschichts-
mächtiger Gott, der die Fäden
der Weltgeschichte in der
Hand behält.

Im Rückblick auf die ca. 400-jährige Geschichte des Königtums wird in unserem Text eine vernichtende Bilanz gezogen. Mögen Historiker zu der nüchternen Einschätzung neigen, dass sich auf die Dauer kleinere Mächte wie das nach Salomo in zwei Reiche auseinanderfallende *Israel* (Nordreich) und *Juda* (Südreich) gegen seine übermächtigen Nachbarn – Ägypten, Assyrer, Babylonier – nicht in ihrer staatlichen Selbständigkeit behaupten konnten, so sieht der biblische Geschichtsschreiber die Ursachen für den Untergang Israels woanders: im fortgesetzten Abfall und Ungehorsam JAHWE gegenüber. Nicht militärische Unterlegenheit oder politische Ungeschicklichkeit haben den Untergang Israels (722 v.Chr.) und später Judas (587 v.Chr.) herbeigeführt, sondern der sich ständig wiederholende Bruch des Bundes, den Gott einst, nach der Befreiung aus der Hand der Ägypter, mit Israel geschlossen hatte. Die gegen Israel erhobene Anklageschrift reicht von der Errichtung heidnischer Götterbilder und -altäre auf den Höhen über die Teilnahme an heidnischem Opferkult, die Übernahme okkulter und spiritistischer Praktiken bis hin zur Verachtung der zum Bund mit Gott gehörenden Gebote und Satzungen. Dabei hat Gott sie in ihrem verwerflichen Tun nicht einfach sich selbst überlassen, sondern sie immer wieder durch Propheten warnen und zur Umkehr mahnen lassen. Doch – von einigen wenigen Ausnahmen abgesehen – verhallten diese Bußrufe ungehört. Im Gegenteil: Das Volk und seine Könige reagierten immer unwilliger auf die Stimme der Propheten, die in Gottes Auftrag das drohende Gericht ankündigten. Am Ende kam, was angesichts der Halsstarrigkeit des Volkes kommen musste: Über Israel entlud sich das Zornesgewitter des strafenden Gottes.

Die Übriggebliebenen, die z.T. in babylonischer Gefangenschaft ein kümmerliches Dasein fristeten, standen nun vor der Frage: Ist damit Gottes Geschichte mit seinem Volk zu Ende? Gibt es bei Gott noch einmal Gnade für uns? Dürfen wir auf einen Neuanfang hoffen? Genau in dieser geschichtlichen Stunde Null nach dem Zusammenbruch setzt die Botschaft des 2. Teiles des Jesajabuches ein.

DIE PSALMEN –
Israels Antwort auf Gottes Reden und Tun

Mitten im Alten Testament – zwischen den Geschichts- und den Propheten-Büchern – finden wir die Psalmen: das in Jahrhunderten gewachsene Gebet- und Liederbuch Israels. In seinem Kern ist der Psalter Antwort auf Gottes Reden und Tun. Es spiegelt dabei den Glauben Israels in seiner ganzen Vielfalt: Von Angst und Klage über Bekenntnisse des Vertrauens und der Zuversicht bis hin zu überschwänglichem Lobpreis. Wie sehr fromme Israeliten in und mit den Psalmen gelebt haben, wird bis in die Passion Jesu hinein deutlich: In seiner Verzweiflung und Todesangst nimmt Jesus Zuflucht zu den Worten des 22. Psalms: Mein Gott, mein Gott, warum hast du mich verlassen? (Psalm 22,2). Ja, bis zum heutigen Tag finden Menschen sich z.B. in den Worten des 23. Psalms selbst in bedrängenden Lebenssituationen gut aufgehoben und wissen sich unter dem Schutz Gottes geborgen.

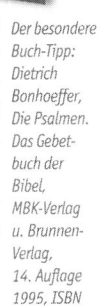

Auch wenn der Psalter in der hebräischen Bibel Die Lobpreisungen überschrieben ist, so sind die allermeisten Psalmen jedoch keine Loblieder, sondern Klagegebete. Das ist um so überraschender, weil in der Christenheit die Klagen in den Gottesdiensten nahezu verstummt sind, und das Beten sich weitgehend in Bitte, Lob und Dank erschöpft. Im Psalter haben die Klagen ihr eigenes Recht: Da breiten Beter – allein oder miteinander in der Gemeinde – ihre Verzweiflung, ihren Kummer klagend vor Gott aus. Da scheuen sie sich nicht, leidenschaftlich Gott mit ihren Fragen zu bestürmen: Warum musste gerade uns das Leid treffen? Wie lange willst du noch schweigen, Gott?

Der besondere Buch-Tipp: Dietrich Bonhoeffer, Die Psalmen. Das Gebetbuch der Bibel, MBK-Verlag u. Brunnen-Verlag, 14. Auflage 1995, ISBN 3-7655-1584-1

Die Klagegebete im Psalter sind eine Ermutigung, offen und ohne Scheu die bisher unbeantworteten Fragen und unverstandenen Lebenswege vor Gott auszubreiten, die uns zu schaffen machen. Allerdings können wir auch das aus den Psalmen lernen: Wie Menschen rückhaltlos offen reinen Tisch vor Gott machen und ihre Schuld bekennen. Oder wie sie trotz Not und Bedrängnis an Gott festhalten, weil sie unbeirrt damit rechnen, dass er ihnen helfen wird. Und schließlich wollen uns die Psalmen anstecken zu einem fröhlichen Gotteslob – durch das Staunen über die Herrlichkeit der Schöpfung Gottes wie über seine wunderbaren Taten in der Geschichte.

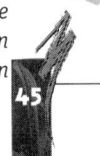

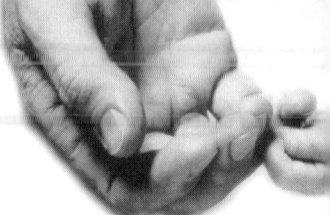

24. Der gute Hirte
Psalm 23

Kaum ein Text der Bibel hat Menschen so angesprochen und bewegt wie der 23. Psalm. Sicher hat auch die auf Martin Luthers Übersetzung zurückgehende Sprachgestalt dieses Psalms dazu beigetragen, dass Menschen eigene Lebenserfahrungen in diesem Psalm wieder entdecken und ihn verinnerlichen, nachdem sie ihn längst auswendig gelernt und zu ihrem ganz persönlichen Vertrauensbekenntnis Gott gegenüber gemacht haben. Dabei ist dieser Psalm alles andere als eine fromm verpackte Verklärung unseres Alltagslebens. Von einer romantischen Schäfer-Idylle ist da keine Spur zu finden. Dafür aber redet der Beter dieses Psalms nüchtern und offen vom *finstern Tal*, vom *Unglück* – und sogar von den eigenen *Feinden*. Persönliche Schicksalsschläge, Zeiten der Ungewissheit und selbst Auseinandersetzungen mit Feinden sind ihm nicht erspart geblieben. Aber er hat mehr als das erlebt: Gott hat sich als guter Hirte über sein Leben erbarmt, hat ihn erquickt und getröstet, ihm gerade in den dunklen Stunden seine Gegenwart spüren lassen und ihn wie ein Kind an die Hand genommen und geführt. Er hat die Feinde zwar nicht aus seinem Leben verschwinden lassen, aber seine Großzügigkeit und Fürsorge gerade *im Angesicht der Feinde* unter Beweis gestellt. Darum sind als Summe eigener Lebenserfahrung nicht die dunklen Stunden entscheidend, sondern der überaus barmherzige und freigebige Gott, der das Leben reich und schön gemacht hat. Wo Christen diesen Psalm beten, steht ihnen Jesus vor Augen, der das Bild vom guten Hirten auf sich selbst überträgt: *Ich bin der gute Hirte. Der gute Hirte läßt sein Leben für die Schafe* (Johannes 10,11). Hier wird deutlich, was es Gott kostete, um uns oft störrische, auf mancherlei Abwege geratene Schafe zu retten und *auf rechter Straße zu führen*. Jesus hat sein Leben gelassen; er hat durch sein Sterben und Auferstehen auch die ärgsten Feinde – Tod und Teufel – besiegt. Das ist Grund genug, dass wir auch im Angesicht dieser Feinde gelassen und zuversichtlich unseren Weg gehen können. Wir dürfen wissen: Niemand und nichts kann uns mehr aus der Hand dieses *guten Hirten* reißen.

Interessant:

Die Erfahrungen des Beters des 23. Psalms konkurrieren mit dem Selbstverständnis der Menschen, die sich für autonom halten und darum über ihr Leben in eigener Verantwortung entscheiden wollen. Erfahrungen mit dem guten Hirten kann nur der machen, der bereit ist, sich von ihm führen zu lassen.

25. Ein König macht reinen Tisch vor Gott
Psalm 51

Nie wieder in seiner Geschichte hat Israel einen politisch so erfolgreichen und glaubensmäßig vorbildhaften König gehabt wie David. Und trotzdem war auch das Leben dieses Königs von Schuld und Versagen überschattet. Psalm 51 spiegelt das rückhaltlose Bekenntnis eigener Schuld wider: Dieser König weiß, dass er gegenüber dem Maßstab der Gebote Gottes keine Ausnahmerechte in Anspruch nehmen kann, wie sie sonst die Machthaber dieser Erde für ihre moralischen Eskapaden so gerne für sich reklamieren. Nein, Ehebruch bleibt Ehebruch – und Mord bleibt Mord, auch wenn beides auf geschickte Weise eingefädelt wurde und die Mitwisser verschwiegen wie ein Grab sind.

Interessant:

Martin Luther wird das Wort zugeschrieben: „Die Sünden der Heiligen haben mich mehr getröstet als ihre Tugenden." Ist mir in diesem Sinn Davids Bußgebet eine Hilfe für das eigene Leben?

Aber vor Gott gibt es kein Versteckspiel. So sagt der Prophet Nathan seinem König auf den Kopf zu, wo er sich gegen Gott und seine Nächsten versündigt hat (nachzulesen in 2. Samuel 12). Und David macht nicht einmal den Versuch, sein Verhalten zu entschuldigen oder gar zu rechtfertigen. Im Gegenteil! Ohne Wenn und Aber bekennt er seine Schuld vor Gott und bittet um sein Erbarmen. Nichts wird da beschönigt.

Ein König erkennt seine tiefe Schuldverstrickung, und er weiß, dass er nur eine Chance hat: dass Gott ihm vergibt und ihn nicht von seinem Angesicht verwirft. So macht er in einem ergreifenden Schuldbekenntnis reinen Tisch vor Gott und bittet um die Gnade des Neuanfangs.

Wahrscheinlich gehört gerade dies zu der Größe des Königs David, dass er sich vor Gott demütigen und ehrliche Scham über eigene Schuld empfinden kann. Wo wir Menschen bis heute immer wieder eigene Schuld beschönigen, verdrängen oder auf andere abwälzen, da steht David rückhaltlos zu seinem eigenen Versagen und gibt damit Gott in seinem Urteil Recht. Aber er weiß auch: Wo wir eigene Schuld bekennen und von Herzen bereuen, da dürfen wir mit Gottes vergebender Liebe rechnen.

26. Lob auf Gottes große Güte
Psalm 103

Auf vielfältige Weise wird im Psalter das Lob Gottes gesungen. Manche Psalmen sind Loblieder auf die Großartigkeit der Schöpfung Gottes; in anderen wird Gott für sein wunderbares Handeln in der Geschichte Israels gepriesen. Andere Lobpsalmen wiederum sind Bestandteil der großen Festliturgien, wenn die Menschen in großer Zahl zum Tempel nach Jerusalem wallfahrten.

Psalm 103 ist das Loblied eines Beters auf die grenzenlose Barmherzigkeit Gottes. Auch wenn aus diesem Psalm nicht mehr das individuelle Schicksal eines einzelnen Beters herausgelesen werden kann, so haben doch unzählige Generationen von Betern ihre eigenen Lebenserfahrungen in die Worte dieses Lobpsalms zusammenfassen können. Was am Ende eines Lebens zu bilanzieren ist, hat weniger mit menschlichem Erfolg und eigenen Leistungen zu tun, als mit Gottes bleibendem Erbarmen, der unser Leben nicht nach Verdienst und Versagen aufrechnet.

Interessant:

Bis heute verdanken wir die schönsten Lob- und Dank-Choräle dem Lieder-dichter Paul Gerhardt, der sie in der schlimmen Zeit des 30-jährigen Krieges dichtete und sang. Wie kann man Gott auch in schweren Zeiten loben?

Loblieder sind immer wieder auch Lieder gegen das Vergessen. Wenn es um erfahrene Wohltaten Gottes in unserem eigenen Leben geht, dann leiden wir häufig an Vergesslichkeit – oder nehmen es als allzu selbstverständlich hin, wenn es uns gut geht und wir uns des Lebens freuen können. Darum ermuntert sich der Beter: *Vergiß nicht, was er dir Gutes getan hat* (Vers 2)! Loblieder wollen darum auch nicht „im stillen Kämmerlein" für sich gesungen werden; es sollen ansteckende Lieder sein, in die viele mit einstimmen, weil ihnen Herz und Mund überfließen angesichts der vielfach erfahrenen Barmherzigkeit Gottes. Darum sind Loblieder auch immer so etwas wie eine öffentliche Beifallskundgebung, eine Demonstration der Dankbarkeit durch die von Gott so reich Beschenkten. Loblieder sind Lieder im vielstimmigen Chor.

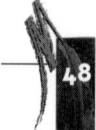

ISRAELS PROPHETEN –
Gottes oft unerhörte Mahner und Tröster

Die Anfänge der Prophetie in Israel liegen im geschichtlichen Dunkel, auch wenn bereits in der frühen Königszeit in Ekstase geratene Prophetengruppen („Seher" genannt) erwähnt werden, die offenbar zwischen Heiligtümern hin- und herzogen und dort aktiv wurden. In der Folgezeit bildet sich daraus eine vielfältig gegliederte Berufsprophetie, zu denen vor allem die Kultpropheten gehören, die neben den Priestern an den Heiligtümern tätig sind. Sie verstehen sich als Mittler zwischen Gott und Mensch, indem sie einerseits auf Anfragen hin oder ungefragt den Willen Gottes verkünden bzw. Orakel erteilen, andererseits als Vertreter des Volkes oder eines Menschen vor Gott Fürbitte zu üben haben.

In ganz überwiegendem Maße verstehen sich diese Berufspropheten als Heilspropheten, d.h. sie sehen ihre vordringliche Aufgabe darin, dem Volk trotz seiner Verfehlungen immer wieder die Unaufkündbarkeit des von JAHWE mit Israel geschlossenen Bundes zu bestätigen. Eben dadurch aber entzündet sich ständig neu der Konflikt zu der gegenüber den Kultpropheten zahlenmäßig kleinen Gruppe der Einzelpropheten, deren Schriften uns im Alten Testament überliefert sind und die im Wesentlichen unser Bild von der Prophetie Israels bestimmt haben.

Diese Einzel- bzw. Schrift-Propheten üben ihr Prophetentum nicht berufsmäßig aus, sondern auf Grund einer besonderen Berufung, durch die sie aus ihrem ursprünglichen Beruf bzw. Stand herausgerissen werden. Oft genug sind es Propheten wider Willen, die mit ihrer eigenen Existenz darunter leiden, dass sie einem ungehorsamen und abtrünnigen Volk immer wieder neu das nahe bevorstehende Gericht Gottes anzukündigen haben. Die Propheten sind in ihrer Wirksamkeit darauf angewiesen, dass Gott ihnen in Gestalt von Visionen und Auditionen sichtbar und hörbar seinen Willen offenbart, den sie dann als Wort JAHWES (So spricht der HERR …) an das Volk bzw. an bestimmte Gruppen im Volk weitergeben. Selten genug finden die Propheten mit ihren Botschaften dabei Gehör. Oft bleibt ihnen nur das Schicksal unerhörter Mahner – und gelegentlich auch Tröster. Doch so unausweichlich Gottes Strafgericht über Israels auch erscheint, so erschöpft sich die Botschaft der Propheten darin glücklicherweise nicht. Manche Weissagungen der Propheten weisen hinüber in eine neue Heilszeit nach dem Zusammenbruch. Für uns Christen sind diese Weissagungen eine Ankündigung des Neuen, das schließlich mit dem Kommen Jesu für Israel und die Welt beginnt.

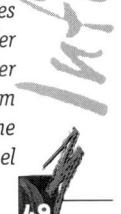

27. Stunde der Entscheidung
1. Könige 18

*Wir erleben gegen-
wärtig den Trend zu
einer synkretistischen,
alles miteinander ver-
bindenden Religiosität,*

Zu den ältesten und eindrücklichsten Prophe- *wo Menschen immer*
tengestalten des Alten Testaments zählt *Elia*. Der *weniger bereit sind, die*
Alttestamentler Gerhard von Rad nennt ihn *„eine* *Einzigartigkeit bzw.*
Prophetengestalt von durchdringender geschichtli- *Ausschließlichkeit des*
cher Leuchtkraft". Elia hat wie kaum ein anderer *Christusglaubens anzu-*
Prophet den Glauben Israels bis in die Zeit Jesu *erkennen. Sind Chris-*
hinein mitbestimmt. Seine leibhaftige Aufnahme in *ten deshalb tenden-*
den Himmel (2. Könige 2) hat in Israel zu der Erwar- *ziell extrem und*
tung geführt, dass er eines Tages leibhaftig auf die *fundamentalistisch*
Erde zurückkehren werde – als ein Vorläufer des Messias.

Elias großer Gegenspieler war Israels *König Ahab*, der zu allem
Überdruss eine heidnische Prinzessin – *Isebel* – geheiratet hatte.
Diese hielt nicht nur an ihrem heidnischen Baalskult fest, sondern
förderte ihn auch in Israel nach Kräften, in dem sie 450 Propheten
des heidnischen Fruchtbarkeits-Kultes unterhielt bzw. versorgte. In
dieser Stunde der akuten Bedrohung des Glaubens der Väter tritt
Elia auf. Er ruft die Menschen von überall her zu einer großen Volksversammlung auf den Berg Karmel. Dort soll sich in einer Art Wett-
streit zwischen den Baalspropheten und Elia erweisen, welcher Gott
denn nun der mächtigere sei und Verehrung verdiene. Die Aus-
gangslage könnte für Elia nicht ungünstiger sein: Einer gegen alle.
Doch so sehr auch die Baalspropheten mit intensivem Beten, rituel-
len Tänzen und ekstatischen Beschwörungen ihren Gott bestürmen,
Baal schweigt: *Da war keine Stimme noch Antwort noch einer, der auf-
merkte* (Vers 29).

Im Gegensatz dazu bittet Elia Gott mit ruhigen Worten um
Erhörung und Annahme des Opfers. Und das Wunder geschieht: Gott
bekennt sich zu seinem Propheten: *Da fiel das Feuer des Herrn herab
...* (Vers 38). JAHWE selbst hat die Machtdemonstration auf dem
Berg Karmel für sich entschieden. Doch während das Volk vor Jahwe
niederfällt und ihn anbetet, wird an den Baalspropheten das alte
Gottesrecht ausgeübt, wonach auf Götzendienst die Todesstrafe
steht. Trotzdem hat die Geschichte noch einen versöhnlichen Schluss:
Nach langen Jahren der Dürre lässt Gott es erstmals wieder regnen.

28. Ein Prophet ist am Ende
1. Könige 19

Eben noch hat er den Triumph seines Gottes über den heidnischen Götzenkult miterlebt, da versinkt Elia in tiefe Verzweiflung. Eigentlich unverständlich! Doch Elia resigniert an der scheinbaren Wirkungslosigkeit Gottes in dieser Welt. Zwar hat Gott sich auf eindrückliche Weise zu seinem Opfer bekannt, doch auf Elias Gegenspielerin Isebel hat das nicht den geringsten Eindruck gemacht. Im Gegenteil! Sie schwört dem Propheten umgehend Rache und trachtet ihm nach dem Leben.

Da gibt Elia auf und läuft in die Wüste hinein, um zu sterben. Er, der unbeugsame Gotteskämpfer, ist mit seiner Kraft völlig am Ende. Er kann und will nicht mehr. Doch Gott läuft hinter ihm her. Und so wird der lebensmüde Prophet unter dem Wacholderstrauch zunächst ganz elementar von einem Engel Gottes mit Wasser und Brot versorgt. Nachdem dies zweimal geschehen ist, beginnt eine besondere Lektion Gottes für seinen Propheten: Er schickt ihn auf eine 40-tägige Wanderung durch die Wüste bis zum Berg Horeb (bzw. Sinai). Es ist jener Weg, den einst Israel durch die Wüste zog, um ins Gelobte Land zu kommen. Elia geht ihn jetzt in umgekehrter Richtung. Gott will ihm auf diese Weise ein Stück lebendigen heilsgeschichtlichen „Unterricht" erteilen: Elia, vergiss nicht: Auch damals empfand sich mein Volk in aussichtsloser Lage. Und doch habe ich meine Verheißung wahr gemacht und es ins Land Kanaan gebracht! Während Elia noch glaubt, er sei allein als treuer Jahweverehrer in Israel übriggeblieben, macht Gott ihm klar: Du bist gar nicht allein. Da sind noch 7000 – eine unübersehbare Minderheit –, die ihre Knie nicht vor den Götzen gebeugt haben. Dieser Rest der 7000 – der ist die heimliche Gemeinde Gottes in Israel, für die Elia bisher keinen Blick hatte, weil er sich in sein Einzelkämpfertum verrannt hatte.

Interessant:
Es gibt so viele Stimmen, die sich in unserem Leben Gehör verschaffen wollen. Gott aber redet, wo es stille ist.

Am Ende wird *Elia* nach einer eindrücklichen Gottesbegegnung in die alten Verhältnisse zurückgeschickt. Sehr nüchtern ist der Auftrag, den Gott ihm erteilt. Auch jetzt wird ihm kein Erfolg versprochen. Aber Gott macht ihm klar, dass er das Geschick seines Volkes in Händen behält. Er setzt Könige ein – und setzt sie ab. Und mit *Elisa* steht bereits der Nachfolger Elias bereit.

29. Gegen soziales Unrecht und frommes Getue
Amos 5

Eigentlich war er als Schafhirte und Herdenbesitzer ein mittelständischer Kleinunternehmer und entstammte weder einer Prophetenschule, noch war er Berufsprophet. Vielmehr hat ihn Gott kurzerhand von seiner Herde weg zum Propheten berufen und ihn – den im Südreich Juda Ansässigen – den Auftrag gegeben, dem Nordreich Israel das Gericht Gottes anzusagen und die Menschen zur Buße zu rufen. So wurde Amos zum Propheten wider Willen. Sein Auftrag ist knapp und bündig: *Geh hin, tritt gegen mein Volk Israel als Prophet auf* (Amos 7,15). Hauptsächlich wirkte Amos in Bethel, wo es ein bekanntes Heiligtum gab. Doch den Priestern am Heiligtum ist dieser unbequeme Prophet mit seiner harten Botschaft rasch zuwider. Er wird am Königshof als Unruhestifter angeschwärzt und muss kurz darauf das Land verlassen. Über sein weiteres Schicksal erfahren wir sonst nichts.

Interessant:

Das Eintreten von Kirchen bzw. Christen für eine internationale Schuldenerlass-Kampagne gegenüber den ärmsten Ländern dieser Erde spiegelt etwas von der Sensibilität des Propheten gegenüber sozialem Unrecht wider.

Die Botschaft des Amos ist von schneidender Schärfe. In einer Zeit wirtschaftlicher Blüte und äußeren Wohlstands prangert er das soziale Unrecht an. Die Reichen leisten sich einen üppigen Lebensstandard, indem sie den Armen überhöhte Abgaben auferlegen und mittels Bestechungsgelder das Recht beugen. Ja, sie scheuen nicht einmal davor zurück, Menschen *für ein paar Schuhe* in die Schuldsklaverei zu verkaufen. Mag auch die breite Masse des Volkes solches Unrecht achselzuckend zur Kenntnis nehmen, so stößt es bei Gott auf Empörung und entschiedene Ablehnung: *Niemals werde ich diese ihre Taten vergessen!* (Amos 8,7).

Mit derselben Schärfe prangert Amos das zur frommen Fassade erstarrte gottesdienstliche Leben in Israel an. Äußerlich gesehen mag das religiöse Leben in geordneten Bahnen verlaufen. Wo aber Recht und Gerechtigkeit mit Füßen getreten werden, sind Opfer und Gottesdienst längst zu heuchlerischem Getue entartet, das von Gott schonungslos entlarvt wird. Wie später auch andere Propheten macht Amos auf den unauflösbaren Zusammenhang von sozialer Gerechtigkeit im Alltag und dem gottesdienstlichen Leben am Sabbat bzw. den Festtagen aufmerksam.

30. Gott kehrt um
Hosea 11

Interessant:

Gott lässt uns zugute Gnade vor Recht ergehen. Doch er verzichtet nicht auf sein Recht. Denn Jesus Christus hat die Strafe getragen, die wir für unsere Schuld verdient hätten.

Wie Amos gehört auch *Hosea* zu den frühen Propheten in Israel, und wie dieser ist er überwiegend Gerichtsprophet. Schonungslos hält Hosea dem abtrünnigen Volk die Schuld seiner Treulosigkeit vor. Als Prophet muss er eine Hure heiraten – als Sinnbild für den unbegreiflichen Abfall des Volkes von Gott. Obwohl Israel von den frühen Tagen seiner Geschichte an immer wieder Gottes unbedingte Zuwendung erfahren hat, wirft es sich wie eine treulose Liebhaberin anderen Göttern an den Hals und übernimmt hemmungslos den kanaanäischen Baalskult. Der Prophet zeichnet das erschütternde Bild des Abfalls eines Volkes von seinem Gott, der Auflösung von Moral und Sitte im öffentlichen wie im privaten Leben und der Zerrüttung des Staatswesens durch unheilvolle Parteikämpfe, Thronwirren und Königsmorde. *Der HERR hat Ursache, zu schelten, die im Lande wohnen; denn es ist keine Treue, keine Liebe und keine Erkenntnis Gottes im Lande, sondern Verfluchen, Lügen, Morden, Stehlen und Ehebrechen haben überhand genommen, und eine Blutschuld kommt nach der andern* (Hosea 4,1.2). Nun ist zu erwarten, dass auf eine solche berechtigte Anklage der Urteilsspruch erfolgt und Israel dem verdienten Gericht Gottes anheimfällt. Doch dann findet sich unvermittelt zwischen den Strafpredigten und Gerichtsankündigungen das 11. Kapitel des Hoseabuches, mit dem eine unbegreifliche Wende eintritt. Zunächst erinnert der Prophet an die Jugendzeit Israels: *Als Israel jung war, hatte ich ihn lieb und rief ihn, meinen Sohn, aus Ägypten* (Vers 1). Wie ein zärtlicher, treusorgender Vater kümmerte sich Gott um Israel wie um ein Findelkind.

Doch Israel reagierte auf Gottes Fürsorge mit unbegreiflicher Abkehr und unverfrorenem Götzendienst (Vers 2). Es wäre nur allzu verständlich, wenn Gottes Geduld und Langmut ein Ende hätten und Israel dem Raub fremder Herrscher preisgegeben würde (Vers 6). Doch dann finden wir ganz unvermittelt mitten in der Gerichtsandrohung die Feststellung, dass Israel trotz drohendem Gerichts unfähig ist – *zu müde* schreibt Hosea –, um noch einmal umzukehren und für seine Schuld Buße zu tun. Statt dessen geschieht das Wunder, dass Gott zu seinem Volk umkehrt. Sein Erbarmen fällt dem eigenen Gerichtswillen in den Arm. Seine Liebe gewinnt die Oberhand über seinen Zorn. Bis heute leben wir von solch unverdienter Güte Gottes.

31. Jesajas Berufung zum Propheten
Jesaja 6

Zweifellos ist er eine der überragenden Prophetengestalten des Alten Testaments: *Jesaja*. Von seiner persönlichen Geschichte erfahren wir wenig. Seine Berufung zum Propheten wird allerdings exakt datiert: Sie fällt in das Todesjahr des jüdischen Königs *Usija (bzw. Asarja)*, vermutlich im Jahr 736 v.Chr. Über den langen Zeitraum von vier Jahrzehnten hat Jesaja in Jerusalem gewirkt, wobei er wie kein anderer der Schriftpropheten sonst Zugang zum Jerusalemer Königshof hat. In Jesaja 6 wird seine Berufung zum Propheten erzählt. In einer Art himmlischer Thron-Vision darf Jesaja Gott in seiner Erhabenheit, in seiner Fülle und im Glanz seiner Herrlichkeit schauen. Wie Gott aussieht wird nicht gesagt; nur, dass er von einer alle irdischen Maße sprengenden Größe und Herrlichkeit ist. Die Reaktion ist ein tiefes Erschrecken Jesajas, dem im Angesicht Gottes die eigene Unwürdigkeit und Sündhaftigkeit bewusst wird. Es ist eine Reaktion, die wir auch von andern in der Bibel überlieferten Berufungsgeschichten von Mose bis hin zu Petrus kennen: Sobald Gott sich einem Menschen auf direkte Weise offenbart, kommt es bei diesem zum Erschrecken über die eigene Unwürdigkeit bzw. Sünde. Der Sünder erträgt die Nähe Gottes nicht. So erfolgt zunächst die Entsühnung Jesajas durch einen der *Serafin* (engelähnliche geflügelte Wesen, die zum himmlischen „Hofstaat" gehören): Mit glühender Kohle wird Jesaja die Vergebung auf die Lippen eingebrannt. Das Zeichen verfehlt seine Wirkung nicht. Denn als Gott jetzt fragt: *Wen soll ich senden?*, antwortet Jesaja ohne Umschweife: *Hier bin ich, sende mich!* (Vers 8). Der Auftrag, der Jesaja daraufhin erteilt wird, verdeutlicht die Schwere bzw. Not des Prophetenamtes. Jesaja soll einem Volk predigen, das sein Herz verstockt hat und nicht bereit ist, zu Gott umzukehren. Wie später Jeremia wird auch Jesaja sein Leben lang darunter leiden, dass die ihm von Gott aufgetragene Botschaft ungehört verhallt. Auf die Frage, wie lange die Unbußfertigkeit des Volkes anhält, bekommt Jesaja die wenig tröstliche Antwort: Bis das Gericht Gottes an Israel vollzogen ist. Nur ganz am Schluss der Berufungsgeschichte leuchtet ein Hoffnungsschimmer auf: Durch das Gericht hindurch bleibt die Zusage eines heiligen Restes, aus dem Gott einen wunderbaren Neuanfang ermöglichen wird.

Interessant:
Das Empfinden für die Heiligkeit Gottes ist uns weithin verloren gegangen. Anstelle des Erschreckens über die eigene Unwürdigkeit vor Gott wird Gott in leichtfertiger Weise oft zum „lieben Gott" verharmlost.

2. Verheißung des kommenden Friedefürsten
Jesaja 9,1-6 und 11,1-16

Bei seiner Berufung erhält Jesaja den Auftrag, einem verstockten, tauben Volk das drohende Gericht Gottes anzusagen. Das geschieht dann während der langen Wirksamkeit Jesajas auch auf vielfältige Weise. So finden wir in der Botschaft des Propheten immer wieder den anklagenden Ruf gegen den erstarrten und unechten Opfergottesdienst, der wie selbstverständlich mit himmelschreiendem sozialen Unrecht einhergeht: *Eure Hände sind voll Blut!* (Jesaja 1,15).

Den Königen in Jerusalem, die auf politischen Koalitionen mit Nachbarvölkern ihre Sicherheit gründen wollen, kündigt Jesaja das Scheitern ihrer Bemühungen an, weil sie sich – statt auf Gott – auf ihre Bündnisse und Waffen verlassen. Und schließlich werden in das angekündigte Gericht in den so genannten *Völkersprüchen* immer wieder auch die umliegenden Völker mit einbezogen.

Und doch ist die Botschaft Jesajas nicht aufgrund seiner z.T. sehr drastischen Gerichtsankündigungen unvergessen geblieben, sondern weil er im Auftrag Gottes zum Künder einer neuen Heilszeit werden durfte. Wir entdeckten schon den Hoffnungsschimmer am Ende der Berufungsgeschichte: Durch den bevorstehenden Zusammenbruch hindurch wird ein heiliger Rest – *ein Stumpf* – übrig bleiben, aus dem schließlich ein neuer Zweig sprossen wird. → (weiter S. 56)

Interessant:
Die Verheißungen Jesajas enthalten eine Menge „Zukunftsmusik", die auch mit dem Kommen Jesu in unsere Welt noch nicht umfassend in Erfüllung gegangen sind. Auch deshalb erwarten Christen mit der Wiederkunft Jesu den Beginn seiner allesumspannenden Friedensherrschaft, die viel mehr ist als nur die Abwesenheit von Krieg.

Es sind vor allem die Weissagungen aus Jesaja 9,1-6 und 11, 1-16 die uns als Ankündigung der Geburt des künftigen Messias aus der Advents- und Weihnachtsgeschichte vertraut sind. Denn die von besonderer Vollmacht kündenden Namen und die für immer bestehende Friedensherrschaft des angekündigten Friedefürsten (Jesaja 9,5.6) weisen über alle irdischen Nachkommen aus der Dynastie Davids hinaus. Das Neue Testament sieht darum im Kommen Jesu, der als *das Licht der Welt* (Joh. 8,12; vgl. unten Nr. 68) alle Finsternis vertreibt, die Erfüllung der Verheißungen *Jesajas*. Jesu Friedensreich hat allerdings keinen machtpolitischen Charakter, sondern ist die Bekundung des von nun an die ganze Welt umspannenden Heilswillen Gottes: Er will, dass alle Menschen erlöst werden.

Auch wenn die in Jesaja 11 geschilderte Befriedung der gesamten Schöpfung noch aussteht, so glauben wir Christen, dass mit der Wiederkunft Jesu Christi unsere Welt die lang ersehnte Zeit des Aufatmens erleben wird.

Jesus - das Licht der Welt...

33. Jeremia – ein Prophet als Bollwerk Gottes
Jeremia 1

Über ein Jahrhundert später als Jesaja wird Jeremia von Gott zum Propheten berufen (627 v.Chr.). Jeremia nimmt unter den Propheten Israels eine besondere Stellung ein, weil er zum Prophet der nun endgültig über Israel hereinbrechenden Katastrophe wird und durch sein Wirken selbst einen schweren Leidensweg geführt wird. Was Jeremia in seiner 40-jährigen prophetischen Tätigkeit an Anfeindung, Verfolgung, Verleumdung und Einsamkeit auf sich nehmen muss, sprengt fast jeden menschlich vorstellbaren Rahmen. Mehr als einmal hängt das Leben des Propheten buchstäblich am seidenen Faden. In den Augen des Volkes und seiner Führer ist Jeremia ein lästiger Querulant, den sie am liebsten aus dem Verkehr ziehen würden. Und doch hält Gott bis zuletzt seine schützende Hand über diesen Propheten und stellt ihm mit seinem Schreiber Baruch einen verlässlichen Freund und Wegbegleiter zur Seite. Wie vor ihm schon Mose und Jesaja wehrt Jeremia erschrocken ab, als Gott ihn zum Propheten beruft: *Ach, Herr, HERR, ich tauge nicht zu predigen; denn ich bin zu jung* (Vers 6). Aber auch bei Jeremia gilt: Gott beruft nicht die Tauglichen – aber er macht die Berufenen tauglich. Die Berufung ist mit einer doppelten Schau (*Gesicht bzw. Vision*) verbunden, das zwischen der Berufung (Verse 1-10) und der Aussendung (Verse 17-19) eingefügt ist. Das erste Gesicht (*erwachender Zweig*) sagt ihm: Gott wacht über seinem Wort. Darum braucht sich der Prophet nicht über die Unwirksamkeit dieses Wortes zu ängstigen. Das zweite Gesicht (*überkochender Kessel*): Es kommt von Norden her (d.h. aus Mesopotamien) eine Katastrophe über das Land. Was zur Zeit der Berufung Jeremias noch keiner für möglich hält, wird Jahrzehnte später mit der Eroberung und Zerstörung Jerusalems durch die aus dem Norden eindringenden Babylonier grausame Wirklichkeit (587 v.Chr.). In der abschließenden Aussendung (Verse 17-19) wird Jeremia die Schwere seines Auftrags nicht verhehlt: *Ich mache dich zur ehernen Mauer* (Vers 18), mutet ihm Gott zu. Erfolg wird diesem Propheten also nicht verheißen. Dafür aber sagt Gott ihm seine ihn aus bedrohlichen Situationen rettende Gegenwart zu (*Ich bin bei dir!*), was ihn letztlich unüberwindbar machen wird, wer immer seine Feinde auch sein mögen.

Interessant:

Von dem bayerischen Landesbischof Hermann Bezzel stammt das Wort: „Unsere Kirche leidet nicht so sehr an dem Mangel an berufenen Mitarbeitern, als vielmehr an der Fülle der unberufenen Mitarbeiter." – Stimmt diese Einschätzung heute noch?

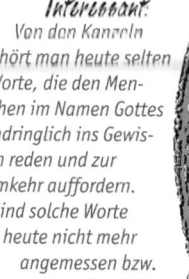

34. Die Tempelrede und die Folgen

Jeremia 7,1-15 und 26,1-24

In seiner berühmt gewordenen Tempelrede hält Jeremia wie schon vor ihm die Propheten Amos und Jesaja dem Volk den Zwiespalt zwischen gottesdienstlichem Leben und dem ständigen Bruch des Gottesrechts vor Augen und fordert es im Namen Gottes auf: *Bessert euer Leben und euer Tun, daß ihr recht handelt einer gegen den andern* (Vers 5). Doch die anschließenden Worte des Propheten lassen vermuten, dass er selbst schon nicht mehr damit rechnet, mit seinem Bußruf noch einmal Gehör im Volk zu finden. Er kündigt an, dass dem Tempel in Jerusalem das selbe Schicksal widerfahren wird wie einst dem Heiligtum in Silo, in dem sich die Bundeslade befand: Silo wurde in der Richterzeit von den Philistern erobert und zerstört. Weil die Israeliten den Tempel zu einer *Räuberhöhle* gemacht haben, wird Gott *mit dem Haus, das nach seinem Namen genannt ist, ebenso tun, wie er mit Silo getan hat* (Vers 14). Wir spüren aus der Strenge dieser Worte, wie Gott ein Glaube zuwider ist, der sich in äußeren Ritualen erschöpft und der nur die religiöse Fassade poliert, ohne jedoch Konsequenzen für das Leben im Alltag zu haben. Jahrhunderte später wird Jesus das Wort Jeremias vom Tempel als Räuberhöhle wieder aufgreifen und auf ähnlich scharfe Weise das geschäftige Treiben am Jerusalemer Tempel brandmarken (Markus 11,17). Welch eine Empörung die Tempelrede Jeremias bei den Zuhörern auslöst, schildert Jeremia 26, das man deswegen im Anschluss an Jeremia 7 lesen sollte. In dem allgemeinen Tumult nach dieser Rede werden die Stimmen immer lauter, die das Leben des Propheten fordern. Jeremia bleibt in dieser aufgeheizten Atmosphäre erstaunlich gelassen und macht noch einmal deutlich, dass es nicht seine Worte sind, sondern Gott selbst ihn beauftragt hat, so zu reden.

Das Erstaunliche geschieht: Das Volk einschließlich seiner Oberen kommt zu dem Schluss: Jeremia ist unschuldig; er hat uns nur weitergesagt, was Gott ihm aufgetragen hat. Und plötzlich erinnert man sich an die Gerichtsworte eines anderen Propheten – *Micha von Moreschet* –, der lange Zeit vorher ein ähnlich hartes Wort über die Zukunft des Tempels weissagte und dabei selbst beim König Hiskia Einsicht und Umkehr bewirkte. Wie wenig selbstverständlich jedoch die Verschonung Jeremias ist, macht das Schicksal seines Prophetenkollegen Uria deutlich, den König Jojakim hinrichten lässt.

25 Schrei der Verzweiflung

Jeremia 20,7-18

Von keinem anderen Propheten im Alten Testament erfahren wir so viel über sein persönliches Schicksal wie über Jeremia. Erklärlich ist das wohl durch seinen Freund und Schreiber Baruch. Er sammelte nicht nur die Prophetenworte Jeremias, sondern schilderte immer wieder auch Ereignisse, die sich aus den öffentlichen Auftritten des Propheten ergaben. Man könnte sie geradezu die *Leidensgeschichte* Jeremias nennen. Auf dem Hintergrund dieser Leidensgeschichte verdienen die leidenschaftlichen *Klagen des Jeremia*, seine verzweifelte Zwiesprache mit Gott, besondere Aufmerksamkeit. Wir finden diese *Klagen Jeremias* – eingestreut zwischen verschiedene Gerichtsworte – in den Kapiteln 11 bis 20 des Jeremiabuches. Diese Gebetsschreie gehören zu dem Gewagtesten, was uns in der Bibel über das Reden bzw. Ringen eines Menschen mit Gott überliefert ist. Wie Jeremia seine Verzweiflung an Gott herausschreit, grenzt beinahe an Blasphemie. So könnte auch ein kämpferischer Atheist reden – nur mit dem entscheidenden Unterschied, dass eben ein Atheist so nicht *mit* Gott, sondern allenfalls *über* Gott reden würde. Jeremia macht Gott für sein Leiden am Leben verantwortlich. Er vergleicht sich mit einem jungen Mädchen, das sich von seinem Liebhaber überreden und betören lässt, aber darüber zum Gespött der andern wird. Hatte nicht einst der junge Jeremia gegen seine Berufung eingewandt: *Ich bin zu jung!* (Jeremia 1,7). Aber dann hatte sich Gott einfach darüber hinweggesetzt und ihn als Propheten zum Bollwerk gegen ein verstocktes, unbußfertiges Volk bestimmt! Doch selbst als sich der Prophet vornimmt, den Mund zu halten und *nicht mehr in seinem Namen zu predigen* (Vers 9), gelingt ihm dies nicht. Jeremia stellt fest, dass sein Prophetenamt nicht in sein Belieben gestellt ist: Es liegt eine innere Nötigung auf ihm, die es ihm unmöglich macht, einfach zu schweigen. Und dann dieses Aufstöhnen aus tiefster Verzweiflung, mit dem Jeremia selbst den Tag seiner Geburt verflucht (Verse 13ff)! Uns stockt beim Lesen der Atem: Kann, ja, darf man so über sein eigenes Leben urteilen? Aber auch auf diese Klage hat Jeremia eine Antwort bekommen. Gott hat seinen Propheten nicht in dieser Verzweiflung versinken lassen. So wie er sich bis heute der Menschen annimmt, die ihm ihre Not und ihr Elend klagen und darin nicht locker lassen.

36. Zusage für einen neuen Vertrag
Jeremia 31,31-34

Interessant:
Auch als Christen können wir nicht aus eigener Kraft tun, was wir vor Gott als gut und richtig für unser Leben erkannt haben. Wir bleiben dazu auf den uns von Jesus zugesagten heiligen Geist als Kraftquelle angewiesen (Apostelgeschichte 1,8).

Auch wenn Jeremia in jungen Jahren von Gott *zu einer ehernen Mauer*, d.h. zum Bollwerk gegen sein Volk Israel berufen wurde und seine Botschaft ganz überwiegend aus der Ankündigung des drohenden Gerichts besteht, so darf er mit der ihm von Gott anvertrauten Botschaft *nicht nur ausreißen und einreißen, zerstören und verderben*, sondern gelegentlich auch *bauen und pflanzen* (Jeremia 1,10). So finden wir in Jeremia 30 bis 33 eine kleine Sammlung verschiedener Heilsworte, die das gesamte sich über vier Jahrzehnte erstreckende Wirken des Propheten umfasst. Das bemerkenswerteste Heilswort – die Verheißung des *neuen Bundes* – ist dabei in Jeremia 31,31-34 festgehalten. Während es in Jeremia 30 und 31 im Wesentlichen um die Ankündigung der Heimkehr aus dem Exil und des neuen unbeschwerten Lebens in der Heimat geht, enthält Jeremia 31,31-34 mit der Ankündigung eines neuen Bundes eine Verheißung ganz anderer Art. Das Neue wird vor allem darin gesehen, dass künftig das Verhältnis Gottes zu seinem Volk grundlegend verändert wird. War es Kennzeichen des alten Bundes vom Sinai, dass Gott seinem Volk die Lebensordnung der Zehn Gebote offenbarte, die dann doch von Generation zu Generation stets neu übertreten und missachtet wurden, so wird Gott im neuen Bund seine Lebensordnung in die *Herzen* der Menschen einpflanzen.

Gottes Wille erscheint nun nicht mehr als Forderung von außen, die Israel schließlich doch nie erfüllte, sondern Gott wird künftig die Herzen der Menschen so verwandeln, dass sie tun können, was Gott will. Die Verheißung Jeremias vom neuen Bund weist damit schon weit in die Zukunft. Jesus selbst wird bei der Einsetzung des Abendmahls diese Verheißung aufnehmen, wenn er als Grundlage des neu gestifteten Bundes von seinem *Blut* spricht, das *zur Vergebung eurer Sünden vergossen wird* (Lukas 22,20). Indem Gott uns um Jesu willen unsere Sünde vergibt und damit alles uns Trennende und Belastende aus dem Weg räumt, ist die entscheidende Voraussetzung für einen grundlegenden Neubeginn geschaffen. Weil Gott im neuen Bund das Herz jedes Einzelnen verwandelt, wird damit auch die Trennung zwischen Priestern, Propheten bzw. Lehrern einerseits und dem Volk andererseits hinfällig: Jeder wird fortan Gottes Willen erkennen und beherzigen und so persönlich Gemeinschaft mit Gott haben können.

Jeder trägt Verantwortung für sein Leben

Hesekiel 18

37.

Interessant:
Mit der Prophetie Hesekiels wird in der Bibel erstmals in dieser Eindeutigkeit die individuelle Verantwortung jedes Menschen vor Gott betont. Das bedeutet einerseits die Abkehr von Kollektivhaftung bzw. Kollektivschuld. Es führt andererseits aber zu der unausweichlichen Erkenntnis: Jeder Einzelne schuldet Gott persönlich Rechenschaft für sein Leben.

Noch bevor Jerusalem endgültig von den Babyloniern erobert und dem Erdboden gleichgemacht wird, kommt es im Jahr 597 v.Chr. – also 10 Jahre vor der großen Katastrophe – zu einer ersten Deportation des jüdischen Adels und der Priesterschaft nach Babylon. Unter den Verschleppten befindet sich auch der junge Priester Hesekiel (die lateinische Fassung seines Namens ist Ezechiel). Fünf Jahre nach seiner Deportation wird er von Gott zum Propheten berufen und predigt unter den gefangenen Juden mindestens 22 Jahre lang.

Im Unterschied zu dem um eine Generation älteren Jeremia ist der Stil Hesekiels sachlich und trocken, auch wenn seine Sprache von vielen Gleichnissen und einem großen Bilderreichtum geprägt ist. Steht am Beginn seiner prophetischen Wirksamkeit die Gerichtsbotschaft noch völlig im Vordergrund, so wird Hesekiel später zum Verkünder des Erbarmens Gottes und einer neuen Heilszeit für Israel.

Bemerkenswert neu an der Prophetie Hesekiels ist die Zuwendung zu dem Einzelnen: Das Volk wird nicht mehr als Ganzes in die Kollektivhaftung für begangene Schuld genommen, sondern jeder Einzelne trägt fortan Verantwortung dafür, ob er Gott gehorcht und seine Gebote hält – oder nicht. Ganz persönlich wird jeder für seine Taten zur Rechenschaft gezogen. Hesekiel 18 markiert dabei diesen auffälligen Wandel am deutlichsten. Er knüpft an ein geflügeltes Wort an, das besonders unter den Verschleppten die Runde macht: *Die Väter haben saure Trauben gegessen, aber den Kindern sind die Zähne davon stumpf geworden* (Vers 2). Im Klartext: Wir Jungen müssen die Suppe auslöffeln, die uns die Väter durch ihre Schuld eingebrockt haben! Dem tritt Hesekiel nun entschieden entgegen und stellt klar: Dieses Sprichwort gilt jetzt nicht mehr! Mit dem Fall Jerusalems ist die Zeit der Kollektivhaftung Israels abgeschlossen. In Zukunft wird Gott jeden Einzelnen nach seinen Taten beurteilen. Es wird den Kindern nicht zum Nachteil gereichen, wenn die eigenen Eltern gottlos gelebt haben. Die Kinder werden andererseits für ihre eigene Schuld gerade stehen müssen, selbst wenn ihre Eltern fromm waren. Leidenschaftlich wirbt Hesekiel am Ende des Kapitels um die Umkehr der Herzen zu Gott. Noch hat jeder Mensch die Chance, das Leben zu wählen.

38. Die schlimmen Hirten und der gute Hirte
Hesekiel 34

Zweifellos gehört Hesekiel 34 zu den großartigsten Weissagungen dieses Exil-Propheten. Dabei beginnt das Kapitel zunächst mit einem anklagenden *Weheruf*: Die *Hirten Israels*, d.h. die führenden Männer im Volk, haben auf sträfliche Weise ihre Vormachtstellung missbraucht. Dass es zu der schlimmen Katastrophe der Zerstreuung der Herde kam und *sie zum Fraß für alle wilden Tiere* (Vers 8) wurde, ist darum zuallererst die Schuld der schlimmen Hirten Israels gewesen.

Interessant:

Wo politische Führer bis heute ihre Macht zum eigenen Vorteil missbrauchen, hat Jesus uns das Kontrastprogramm vorgelebt: Verzicht auf alle äußere Macht – verbunden mit der Bereitschaft, um der Menschen willen sein Leben zu opfern.

Doch dann folgt auf dieses schneidende *Wehe!* unverhofft eine zärtliche Liebeserklärung, die mit zu den schönsten Texten im ganzen Alten Testament gehört. Gott selbst will sich als Hirte seines geschlagenen Volkes annehmen. Er will sich um die Herde kümmern, sie umsorgen. Schon hier kündigt sich an, was einige Jahrzehnte später die Botschaft des zweiten Teils des Jesajabuches (Jesaja 40ff) bestimmen wird: Gott wird die Zerstreuten und Verbannten sammeln und sie wieder zurück in die Heimat bringen, wo sie gut leben werden.

Aber der Blick geht noch weiter nach vorne: *Ich will ihnen einen einzigen Hirten erwecken, der sie weiden soll, nämlich meinen Knecht David. Der wird sie weiden und soll ihr Hirte sein*, heißt es in Vers 23. Gottes Heilsplan geht weit über die Wiederherstellung alter Zustände hinaus. Er kündet das Kommen seines Knechtes David an, durch den ein neuer *Friedensbund* geschlossen wird. In diesem Bund wird selbst die bisher noch friedlose Natur eingeschlossen sein. Israel aber wird in sicheren Grenzen wohnen und seinen Wohlstand genießen können.

Manche Aspekte dieser kommenden Heilszeit legen die Vermutung nahe, dass der *Knecht Davids* eine politische Heilsgestalt sein werde. So haben später viele Zeitgenossen Jesus gesehen, und selbst seine engsten Anhänger haben ihn so missverstanden (vgl. unten Nr. 67). Indem Jesus diese Weissagung aber auf sich bezieht – vgl. Joh. 10,11: *Ich bin der gute Hirte!* – macht er deutlich: Nicht durch Ausübung äußerer Macht und Gewalt werden die zerstreuten Schafe Israels gesammelt und zur Weide geführt, sondern durch hingebungsvolle, opferbereite Liebe: *Der gute Hirte läßt sein Leben für die Schafe* (ebenda).

Israel nach dem Zusammenbruch: Im Exil

Mit der Eroberung und Zerstörung Jerusalems im Jahr 587 v.Chr. durch die Babylonier unter ihrem Herrscher Nebukadnezar verliert das Südreich Juda, das sich noch etwa 140 Jahre länger als das Nordreich Israel behaupten konnte, endgültig seine staatliche Souveränität. Juda wird zur babylonischen Provinz und damit einem Gouverneur unterstellt. Weite Teile des Volkes, insbesondere die Oberschicht, werden ins babylonische Exil verschleppt. Das einst von Gott auserwählte Volk ist am Tiefpunkt seiner Geschichte angekommen. Wird es noch eine Zukunft haben – jetzt, wo der Tempel in Jerusalem in Schutt und Asche liegt und der jüngste Nachkomme Davids, Jojachim, als persönlicher Gefangener Nebukadnezars in einem babylonischen Kerkerloch schmachtet? Ja, und auch diese Frage bewegt die geschlagenen Israeliten: Wird es für ihren Gott – wird es für JAHWE, der sich bisher im Auf und Ab der Geschichte Israels als souverän und geschichtsmächtig gezeigt hat – wird es für ihn noch eine Zukunft geben? Oder wird Marduk, der Gott Babylons, nun auch über den Gott Israels triumphieren, so wie die politischen Herrscher über das Volk Israel und seinen König? Die Pracht Babylons mit seinen beeindruckenden Gebäuden und Tempeln verschlägt den verbannten Israeliten geradezu die Sprache.

Wie es um die Stimmung der Geschlagenen bestellt ist, gibt auf ergreifende Weise der 137. Psalm wieder: An den Wassern zu Babel saßen wir und weinten, wenn wir an Zion gedachten (Psalm 137,1). Die Sehnsucht nach der Rückkehr in die Heimat wollen sie nicht begraben. Und sie sollte schneller in Erfüllung gehen, als sie zu hoffen wagten. Denn die Herrschaft der Babylonier steht auf tönernen Füßen und hat nicht lange Bestand. Wie schon Jeremia es voraussah, wird Babel schon kurze Zeit später von Bergvölkern im Norden und Osten überwältigt. 539 v.Chr. ist es schließlich der Perser Cyrus, der als Rivale Babylons in einem beispiellosen Siegeszug die Herrschaft an sich reißt. Persien steigt damit zur vorherrschenden Macht im Nahen Osten auf.

Für Israel sollte sich die neue Machtkonstellation schon bald als glücklich herausstellen. Denn der neue König praktiziert eine Politik des Friedens. Er gestattet den im Exil lebenden Juden großmütig, in ihre Heimat zurückzukehren und den Jerusalemer Tempel wieder aufzubauen. Doch was wie eine glückliche geschichtliche Fügung anmutet, ist bereits Jahre zuvor den Verbannten durch den Mund eines Propheten angekündigt worden, dessen Botschaft wir im Jesajabuch finden.

39. Trostbotschaft für Geschlagene
Jesaja 40

Etwa zwei Jahrhunderte lang hatten die von Gott berufenen Propheten einem treulosen Volk immer wieder das drohende Gericht ankündigen müssen, um sie auf diese Weise – vielleicht in letzter Minute – zur Umkehr zu bewegen. Doch fast immer verhallt ihre Botschaft ungehört. Obwohl Gott in seiner Güte immer wieder das Gericht verzögert, bricht schließlich doch mit ganzer Wucht die Katastrophe über das Volk Gottes herein. Die Zerstörung Jerusalems 587 v.Chr. und die Verbannung großer Teile des Volkes ins babylonische Exil markiert aber nicht nur einen geschichtlichen Wendepunkt; sie ist zugleich ein Wendepunkt in der Prophetie Israels. Denn mit dem Exil ist die Zeit der Gerichtsprophetie beendet.

Die Propheten des Exils haben den Auftrag, dem geschlagenen und zerstreuten Rest des Volkes zu verkünden, dass Gott trotz allem sein Volk nicht verlassen hat und dass es noch Heil von ihm erwarten kann. So erhält der unbekannte Prophet im 2. Teil des Jesajabuches – weil wir seinen richtigen Namen nicht kennen, nennen wir ihn Deutero-Jesaja, d.h. den „2. Jesaja" – den Auftrag, sein geschlagenes und gedemütigtes Volk zu trösten und es aus seiner Depression heraus zu neuer Hoffnung zu rufen: *Tröstet, tröstet mein Volk …* (Vers 1). Doch solcher Trost und Ermutigung, die die Aussicht auf eine baldige Rückkehr in die Heimat und den Wiederaufbau Jerusalems und des Tempels mit einschließen, sind nur die eine Seite der Botschaft dieses Propheten. Zugleich soll er den an Gottes Geschichtsmächtigkeit Zweifelnden aufzeigen, dass der Gott des geschlagenen Volkes Israel dennoch alle Macht in seinen Händen hält und in der Geschichte weiter wirkt. In den Versen 12-31 wird in immer neuen Bildern und Vergleichen die einzigartige Souveränität Gottes herausgestellt: *Mit wem wollt ihr denn Gott vergleichen* (Vers 18)? Mit den mächtigen, überlegenen Völkern ringsum? *Siehe, die Völker sind geachtet wie ein Tropfen am Eimer!* (Vers 15). Oder wollt ihr Gott mit den beeindruckenden Götterstatuen anderer Religionen vergleichen? Sie sind doch nur von Menschen geschaffene Produkte (Verse 19.20). Und wer jetzt noch einwendet, Gott habe sich zurückgezogen und schweige, dem hält der Prophet entgegen: *Weißt du nicht? Hast du nicht gehört? … Gott gibt dem Müden Kraft und Stärke genug dem Unvermögenden* (Verse 28.29).

70. Vom leidenden Gottesknecht
Jesaja 52,13-53,12

Interessant:
Welche Aussage
dieses Textes
betrifft mit am
meisten?

Zur Besonderheit der Botschaft unseres Propheten gehören die vier *Gottesknechtlieder*, die ohne erkennbaren Zusammenhang in das Prophetenbuch eingefügt sind, miteinander aber in engem Zusammenhang stehen: Jesaja 42,1-4; 49,1-6; 50,4-9 und 52,13-53,12. Unser Text ist zweifellos das Beeindruckendste dieser vier Gottesknechtlieder. Wer ist hier mit dem *leidenden Gottesknecht* gemeint? In der jüdischen Auslegungstradition wird der Gottesknecht als das wirkliche oder ideale Israel gedeutet. Doch birgt diese Interpretation die Schwierigkeit, dass der Gottesknecht gerade als Mittler zwischen Gott und Israel geschildert wird. Andere Ausleger sehen in der Gestalt des Gottesknechts darum eine Einzelperson, etwa einen Propheten, der wie z.B. Mose oder Jeremia durch seine Fürbitte und sein Leiden am Ungehorsam des Volkes in den Riss tritt, d.h. der das schuldige Volk mit Gott versöhnt. Doch lässt sich selbst an den herausragenden Prophetengestalten des alten Bundes kaum deutlich machen, dass sie *stellvertretend* die Schuld des ganzen Volkes auf sich genommen haben.

So bleibt am Naheliegendsten die Deutung des Gottesknechtes auf eine künftige Gestalt, die durch ihr stellvertretendes Leiden und ihren Opfertod freiwillig die Schuld anderer auf sich nimmt und dadurch ihre Erlösung bewirkt. So haben die ersten Christen das Leiden und Sterben Jesu als Erfüllung der Prophetie vom leidenden Gottesknecht bezeugt. Denn in der Passion Jesu, der von den Menschen verhöhnt und verspottet wurde und *der seinen Mund nicht auftat wie ein Lamm, das zur Schlachtbank geführt wurde* (Vers 7), vollstreckt Gott die Strafe, die letztlich alle Menschen verdient hätten. Und obwohl Jesus deutlich seinen eigenen Jüngern gegenüber von seinem gewaltsamen Leiden und Sterben spricht, vermögen diese in ihm nicht den *leidenden Gottesknecht* aus Jesaja 53 zu erkennen: *Wir gingen alle in die Irre wie Schafe* (Vers 6). Das trifft auch auf die engsten Anhänger Jesu zu. Erst nach der Auferstehung Jesu erkennen sie, dass sich im Geschick Jesu vollzog, was bereits 500 Jahre zuvor geweissagt wurde. So schildert die Apostelgeschichte, wie Philippus dem Kämmerer aus Äthiopien die ihm so fremde Gestalt des *Gottesknechts* aus Jesaja 53 deutet, in dem er ihm vom Leiden und Sterben Jesu erzählt (Apostelgeschichte 8,26ff; vgl. unten Nr. 78). – Das Lied vom leidenden Gottesknecht wirft damit wie kaum ein anderer Text des Alten Testaments ein helles Licht auf die Gestalt Jesu.

Mühsamer Neubeginn nach dem Exil

Die Verheißungen des „Zweiter Jesaja" genannten Propheten hatten unter den Verbannten in Babylon neue Hoffnung geweckt. Als kurz darauf der Perserkönig Cyrus in Babylon einmarschiert, gehört zu seinen ersten Amtshandlungen der so genannte Cyrus-Erlass aus dem Jahr 538 v.Chr., in dem es den gefangenen Juden erlaubt wird, in die Heimat zurückzukehren. Zugleich wird angeordnet, den Tempel in Jerusalem wieder aufzubauen. Doch obwohl sich die Juden im unreinen Land jahrzehntelang nach dieser Rückkehr gesehnt und die Erinnerung an die lebendigen Gottesdienste und eindrücklichen Feste im Tempel wachgehalten hatten, brechen längst nicht alle Deportierten sogleich ihre Zelte in Babylon ab, um in die Heimat zurückzukehren. Auch in der Fremde haben sich viele inzwischen so eingerichtet, dass sie eigene Häuser und Gärten besitzen und gemeinsam in Ortschaften wohnen, wo sie ihr Brauchtum pflegen und ihren Glauben gemeinsam praktizieren. Vor allem durch die Feier des Sabbats und die bei den Babyloniern ungebräuchliche Beschneidung versuchen die Juden, ihre religiöse Identität in der Fremde zu wahren.

Aus der Heimat hingegen gibt es wenig mutmachende Nachrichten: Abgesehen davon, dass die zurückgebliebenen Juden häufig noch zwischen den Trümmern der alten Hauptstadt hausen, sind ihre materiellen Bedingungen meistens bedrückender als die ihrer Volksgenossen im babylonischen Exil. So ist verständlich, dass sich die Rückkehr in die Heimat und der Neubeginn dort bei weitem mühsamer gestalten, als es in der ersten Euphorie nach dem Sturz des Babylonierreiches zu erwarten war. Zwar wird nach der Heimkehr der ersten Verbannten sogleich der Brandopferaltar wieder hergestellt und in Dienst genommen. Auch die von Cyrus angeordnete Grundsteinlegung für den neuen Tempel erfolgt rasch. Doch dann erlischt der Wille zum Wiederaufbau. Kleinglaube und Resignation breiten sich aus. Schließlich führen Unruhen im persischen Reich dazu, den Weiterbau am Tempel bis auf weiteres einzustellen.

Es dauert fast zwei Jahrzehnte, bis Gott neue Voraussetzungen für die Erfüllung der prophetischen Heilsweissagungen schafft. Zum einen kehrt Ruhe in das persische Großreich ein, in dem der neu an die Macht gekommene Perserkönig Darius sein durch Unruhen erschüttertes Reich befriedet. Zum andern aber beruft Gott mit Haggai und Sacharja um 520 v.Chr. zwei Propheten, die mit Ausdauer und Tatkraft den Bau des Tempels vorantreiben. Vor allem Haggai ist es gegeben, von den Führern bis zum einfachen Mann im Volk alle zu motivieren, um in gemeinsamer Anstrengung den Tempelbau zu vollenden.

Ein neues Haus für Gott

Haggai 1,1-2,23

Interessant:
Nach der Botschaft des Propheten Haggai hängt der sichtbare Segen Gottes für unser Leben davon ab, ob wir Gott den wichtigsten Platz in unserem Leben einräumen. Auch Jesus wird später dazu auffordern, die Prioritäten im Leben richtig zu setzen: „Trachtet zuerst nach dem Reich Gottes und nach seiner Gerechtigkeit, so wird euch das alles zufallen" (Matthäus 6,33).

Zwar hatten die Juden nach der Rückkehr aus babylonischer Gefangenschaft mit dem Wiederaufbau des zerstörten Tempels begonnen, doch der Aufbauwille erlahmte rasch. Zu groß war die wirtschaftliche Misere, der Kampf ums eigene Überleben, als dass man sich weiter für den Aufbau des Tempels einsetzen wollte. In dieser Situation beruft sich Gott mit Haggai einen Propheten, der in dem Wiederaufbau des Tempels die entscheidende Voraussetzung für das Kommen Gottes, und d.h. für den Anbruch einer neuen Heilszeit sieht. Für Haggai entscheidet sich in der Einstellung zum Tempel die Frage von Glaube und Unglaube.

Dem Argument, es sei jetzt einfach nicht die Zeit, den Tempel aufzubauen, man habe im Augenblick Dringlicheres zu tun, hält Haggai entgegen: Israel ist nicht mehr Israel, wenn es nicht zuerst nach dem Reich Gottes trachtet. Dass es dem Volk materiell so schlecht geht, sei ein Beleg dafür, dass die Menschen viel zu sehr mit sich selbst statt mit Gottes Sache beschäftigt seien. Würden sie vorrangig den Tempelbau vorantreiben, dann könnten sie erfahren, wie Gott sie auch sichtbar mit üppigen Ernten segnet.

Es gelingt Haggai, mit dem Statthalter Serubbabel, einem Enkel des unglücklichen Königs Jojachim, und dem Hohenpriester Josua zwei wichtige Verbündete für sein Anliegen zu gewinnen. Auch im Volk findet Haggais Botschaft Gehör. Und mit einem Mal geht ein Ruck durch das Volk: Die Menschen krempeln die Ärmel auf und setzen das liegengebliebene Werk fort.

Zwar spiegelt das neue Haus Gottes nicht annähernd die Größe und den Glanz des früheren, von Salomo gebauten Tempels wider, aber entscheidend ist, dass Gott seine Gegenwart und das künftige Heil für Israel daran bindet. Trotz aller Unscheinbarkeit wird der neue Tempel darum herrlicher sein als sein beeindruckender Vorläufer.

42. Nehemias Wiederaufbau-Programm

Aufgewachsen im Exil, erringt der Jude Nehemia schon bald am persischen Kaiserhof als Mundschenk, d.h. persönlicher Referent des Königs, eine einflussreiche Stellung. Doch weiß sich Nehemia weiter zutiefst dem Schicksal seines Volkes verbunden. Die Nachrichten, die er aus der Heimat erhält, sind deprimierend. Zwar war der Tempel wieder aufgebaut worden, doch sind selbst Jahrzehnte später in Jerusalem viele Trümmer immer noch nicht beseitigt. Auf seine Bitte hin stattet ihn sein oberster Dienstherr Artaxerxes mit Vollmachten aus, um die seit 140 Jahren zerstörten Stadtmauern Jerusalems wieder aufzubauen. Bei diesem gewaltigen Aufbau-Programm stößt Nehemia auf etliche Hindernisse und Widerstände. Das fängt bereits bei der einheimischen Bevölkerung an, die dem als Emporkömmling verdächtigten Exil-Juden zunächst mit Skepsis begegnet. Als jedoch deutlich wird, dass es Nehemia nicht um persönliche Macht und Ehrgeiz geht, ja, dass er selbst mit gutem Beispiel vorangeht, die Ärmel aufkrempelt und mit anpackt, gelingt es ihm,

Das Geheimnis dieses erfolgreichen Wieder-Aufbau-Programms liegt zum einen in dem persönlichen Beispiel, das Nehemia durch seinen eigenen, unermüdlichen Einsatz gibt (Vers 17). Es ist zum andern in der Verbindung von eigenem Tun und der bewusst vollzogenen Abhängigkeit von Gott zu suchen.

Männer aus allen Ständen und Kreisen für die praktische Mitarbeit zu gewinnen. Sogar die Priester legen Hand mit an – und selbst Kaufleute, Apotheker und Goldschmiede sind sich nicht zu schade, Steine zu klopfen und auf dem Baugerüst zu stehen. Doch dann droht das Werk an äußeren Widerständen zu scheitern. Mit Sanballat und Tobija treten einflussreiche Gegenspieler auf den Plan, die in Nehemia einen politischen Konkurrenten sehen und den Wiederaufbau Jerusalems auf jeden Fall vereiteln wollen. Nehemia reagiert darauf mit einer Doppel-Strategie: Während die einen weiter an der Mauer bauen, liegen die andern bewaffnet auf der Lauer, um mögliche Angriffe sofort zurückzuschlagen. Entscheidender aber als das Vertrauen auf die eigene Schlagkraft ist Nehemias Zuversicht, die er seinen Mitstreitern einflößt: *Unser Gott wird für uns streiten* (Vers 14). Darum ist auch das Gebet eine wichtige Waffe in diesem Kampf (Vers 3). Stand am Anfang der Arbeit die resignative Einschätzung *Die Aufgabe ist zu gewaltig. Wir schaffen es nicht!* (vgl. Vers 4), so geschieht das Wunder, dass der Wiederaufbau der Mauer nach nur 52 Tagen (Nehemia 6,15) vollendet ist. Eine erstaunliche Leistung!

13. Ein geistlicher Neuanfang
Nehemia 9 und 10

Zwar kann der Wiederaufbau der zerstörten Stadtmauern nach etwas mehr als sieben Wochen erfolgreich abgeschlossen werden, doch ist Nehemia nicht verborgen geblieben, dass es um den inneren Zusammenhalt und das geistliche Fundament der Menschen in Jerusalem nicht zum Besten bestellt ist: Der äußere Aufbau der Mauern bedarf dringend der Ergänzung durch ein inneres Wiederaufbau-Programm, eine geistliche Neubesinnung. Nehemia findet für dieses Anliegen tatkräftige Unterstützung durch den Schriftgelehrten Esra.

Als dieser vor dem versammelten Volk von einer Kanzel herab Stunde um Stunde aus der Thora, dem Gesetzbuch Israels, vorliest, hören die Menschen andächtig zu: *Und die Ohren des ganzen Volkes waren dem Gesetzbuch zugekehrt*, so lesen wir in Nehemia 8,3. Geistliche Neubesinnung erfolgt immer da, wo Menschen ein offenes Ohr für Gottes Wort haben. Aus dem Hören erfolgt eine innere Erschütterung, die in ein langes Bußgebet des Volkes einmündet. In diesem Gebet breitet Israel noch einmal vor Gott seine Geschichte aus. Eine Geschichte, die gekennzeichnet ist durch den fortwährenden Ungehorsam und Abfall von Gott – und zugleich von der unverdienten Treue Gottes, der dennoch sein Volk nicht preisgeben kann und will.

Doch es bleibt nicht allein bei Tränen der Reue und Buße: In einem öffentlichen Gelöbnis verpflichtet sich das Volk feierlich, in Zukunft Gottes Gebote zu halten. Zum Zeichen ihrer Ernsthaftigkeit verlangen sie nach Tinte, Feder und Papier und setzen einen schriftlichen Vertrag auf, in dem sie sich zum Befolgen der Gebote Gottes verpflichten. 84 namentlich genannte Leute aus dem ganzen Volk setzen ihre Unterschrift unter diesen Vertrag. Dabei betrifft die eingegangene Verbindlichkeit speziell die Ehen (es sollte künftig keine Mischehen mehr mit Angehörigen fremder Völker geben), die Beachtung des Sabbats und die Regelung materieller Opfer.

Es gehört zur Nüchternheit der biblischen Überlieferung, dass sie die Folgen dieser feierlichen Selbstverpflichtung nicht verschweigt. Offenbar ist schon einige Zeit später der alte Schlendrian wieder eingekehrt. So endet das Nehemia-Buch mit dem geradezu schonungslosen Bericht von dem beginnenden Zerfall der Gemeinde und der Verlotterung des sozialen und religiösen Lebens in Israel.

44. Streitgespräche mit Zweiflern
Maleachi 2,17-3,24

In der langen Kette der Propheten Israels ist Maleachi das letzte Glied. Seinen eigentlichen Namen kennen wir nicht einmal. Der Name Maleachi (= *mein Bote*) ist aus Maleachi 3,1 abgeleitet und später zur Überschrift über das letzte Prophetenbuch geworden. Doch ist in den vier Kapiteln dieses Buches deutlich die Stimme eines bestimmten Propheten zu erkennen. Allerdings spürt man beim Lesen rasch: Das ist nicht mehr die Stimme der frühen Propheten Israels wie etwa Amos oder Elia, die dem Volk mutig das ankündigten, was Gott ihnen als Botschaft aufgetragen hat. Maleachi schlägt sich mit Einwänden und Zweifeln seiner Zeitgenossen herum. Sie können oder wollen offensichtlich nicht mehr glauben, dass Gott noch einmal machtvoll in die Geschichte Israels eingreift.

Interessant:

Eine aktuelle Variante des Einwands der Zeitgenossen Maleachis lautet: „Was bringt es, an Gott zu glauben?" (vgl. Maleachi 3,14). Was lässt sich dazu sagen?

Die Israeliten zur Zeit Maleachis sind erwartungsmüde geworden. Sie rechnen nicht mit der öffentlichen Erscheinung und Durchsetzung der endzeitlichen Gerechtigkeit Gottes. Doch stellt sich dieser unbekannte Prophet mit der ihm gegebenen Kraft dem wachsenden Unglauben entgegen. Dabei nimmt er Missstände aufs Korn. Er geißelt Priester, die es an ritueller Sorgfalt fehlen lassen. Er wendet sich gegen Ehescheidungen – und immer wieder gegen eine müde, religiöse Skepsis. Maleachi betont das *Kommen des Tages des Herrn* (Maleachi 3,2.5.19): Unversehens wird Gott zum Gericht kommen – nicht nur über die Heidenvölker, wie es frühere Propheten angekündigt hatten, sondern auch über Israel.

Mit diesen Sätzen und der Ankündigung der Sendung eines neuen Elia endet das letzte Prophetenbuch und weist damit schon weit über das Alte Testament hinaus. Jahrhunderte später wird Elia in der Gestalt *Johannes des Täufers* als des Vorläufers Jesu auf unsere Erde kommen.

Vom Verstummen der Prophetie bis zur Apokalyptik

Mit Maleachi ist die Prophetie in Israel verstummt. Wir sahen, wie schon Maleachi als nachexilischer Prophet Mühe hatte, gegen die religiöse Skepsis seiner Zeitgenossen vom Eingreifen Gottes in die Geschichte zu reden. Offensichtlich sind mit dem Verstummen der Prophetie Erwartungen erloschen, die sich auf ein künftiges Handeln Gottes in der Geschichte richten. Nachdem Israel unwiederbringlich seine staatliche Selbständigkeit verloren hatte und Vasall wechselnder Mächte geworden war, glaubte die nachexilische jüdische Gemeinde je länger je weniger an das wunderbare Handeln Gottes in seiner Geschichte. Das religiöse Leben mündete ein in den Dienst eines allein am Gesetz orientierten Kultes. Wussten sich die Propheten noch in einen Geschichtszusammenhang mit weiten Perspektiven nach rückwärts und nach vorwärts gestellt, so schrumpften diese Perspektiven in der nachexilischen Zeit immer mehr zusammen.

Doch hat Israel auch nach dem Verstummen der Prophetie mit seinen heilsgeschichtlichen Durchblicken nicht aufgehört, in die Zukunft zu schauen: An die Stelle der Prophetie trat die Apokalyptik (Apokalypse = Enthüllung). Charakteristisch für die Apokalyptik ist ihr Dualismus, die scharfe Unterscheidung von zwei Äonen (= Zeitaltern), dem jetzigen und dem kommenden. Die Apokalyptik hat eine einheitliche Schau der gesamten Weltgeschichte – und diese Schau ist extrem deterministisch, d.h. schon von Anbeginn an liegt der Ablauf der Weltgeschichte unwandelbar fest.

Während die Propheten mit ihrer Botschaft auf ein kommendes Ereignis weisen und damit rechnen, dass – etwa durch die Umkehr Israels – Gott sein Handeln ändern wird, entwerfen die Apokalyptiker ein unwiderruflich feststehendes Gesamtbild der Zukunft. An diesem Bild ändert sich nichts. Es kommt nur darauf an, dass den von Gott Erwählten diese verborgenen Zukunftsbilder enthüllt werden. Und das wiederum ist die Aufgabe der Apokalyptiker: Sie decken andern die bisher noch verhüllte Zukunft auf). Dabei sind sie selbst darauf angewiesen, dass ihnen ein Engel die häufig in Träumen und Visionen überlieferte Botschaft deutet und erklärt.

Es besteht kein Zweifel, dass Jesus und seine Jünger mit dieser spätjüdischen Apokalyptik vertraut waren. Sie begegnet uns in den späten Texten des Alten Testaments wie z.B. dem Danielbuch. Wir werden sehen, wie im Neuen Testament charakteristische apokalyptische Traditionen aufgenommen und dabei entscheidend verändert werden.

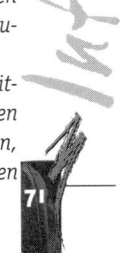

	2000-1250	*Einflussbereich Ägyptens*
2000 *v. Chr.*	1900	**Abraham** Abraham zieht nach Kanaan
	1650	Abrahams Nachkommen wandern in Ägypten ein Israel in Ägypten
1600	1350	Auszug aus Ägypten
1200	1200	**Mose** Israeliten besiedeln Kanaan
1000	1250-650	*Einflussbereich Assyriens*
	1000	**David** **Samuel** Teilung des Reiches Israel Königreich Israel von 926-723 Israel wird von Assyrien erobert
800		**Königreich Juda** von 926 durchlaufend bis 1. Jh. n. Chr.
700	850	**Elia**
	800	**Jesaja**
	750	**Amos**
	750	**Hosea**
	700	**Jeremia**

600	620-520	**Exil in Babylon**
		Einflussbereich Babylons
		Babylon wird von Persien
		erobert, Juden kehren nach
		Jerusalem zurück
		Esra
400	400	**Nehemia**
	bis 330	*Einflussbereich Persiens*
		Einflussbereich
		Griechenlands bis 161
100		Makkabäeraufstände
	ab 161 v. Chr.	*Einflussbereich Roms*
		Jesus
0	Ca. 7-4 v. Chr.	Geburt Jesu
	Ca. 29 /33 n. Chr.	Wirkungszeit Jesu.
	33 n. Chr.	Kreuzigung, Tod und
		Auferstehung
30		
n. Chr.	35	Bekehrung des Paulus
	46-47/48-51	
	und ab 53	Missionsreisen des Paulus
	48	Apostelkonzil in Jerusalem
50	62-64	Paulus im Gefängnis
	70 n. Chr.	Zerstörung des Tempels
	81-96	Erste durchorganisierte,
		allgemeine Christenverfolgung
		unter Kaiser Domitian
100	um 100	Tod des letzten Jüngers
		und Apostels: Johannes

Die Zeit der Bibel

„Als die Zeit erfüllt war ..."

Das Kommen Jesu als Beginn einer neuen Heilszeit

Das Neue Testament ist das Zeugnis einer die gesamte Völkerwelt umfassenden Heilsbotschaft. Im Mittelpunkt dieser Botschaft steht Jesus Christus. Während das Alte Testament ein etwa tausend Jahre umfassendes Geschehen berichtet (einmal abgesehen von der Ur- und Väter-Geschichte aus 1. Mose), beschränkt sich das im Neuen Testament Berichtete auf wenige Jahrzehnte. Erzählt das Alte Testament von Gottes Handeln an seinem Volk Israel durch eine lange, bewegte Geschichte hindurch, so konzentriert sich das Neue Testament ganz auf die Bedeutung Jesu Christi für Israel und die Welt: Es besteht im Wesentlichen aus zwei großen Komplexen, den Evangelien und den Apostelbriefen. Verbunden werden diese beiden Hauptteile durch die Apostelgeschichte, die den Weg der Botschaft von Jesus Christus – ausgehend von Jerusalem bis in die Weltmetropole Rom – nachzeichnet.

Im Mittelpunkt des gesamten Neuen Testaments (NT) steht das Zeugnis vom Leiden, Sterben und Auferstehen Jesu, dem in der Offenbarung des Johannes noch der Hinweis auf das Ziel der Geschichte folgt.

Als die Zeit erfüllt war, sandte Gott seinen Sohn, schreibt der Apostel Paulus im Galaterbrief. Die Geburt Jesu geschieht zu einem geschichtlichen Augenblick, als Israel – schon lange seiner staatlichen Selbständigkeit beraubt – schwer unter der römischen Besatzungsmacht (seit 63 v. Chr.) leidet. Auch in religiöser Hinsicht besteht wenig Anlass zur Hoffnung. Zwar hat Herodes, jüdischer König aus Kaiser Augustus' Gnaden und römischer Vasall, in Jerusalem einen prächtigen Tempel bauen lassen. Doch ändert der geschäftige Kult am Jerusalemer Tempel nichts an einem weit verbreiteten Gefühl der Ohnmacht und Niedergeschlagenheit im Volk.

Genau diesen Tiefpunkt in der Geschichte Israels wählt Gott aus, um die schon Jahrhunderte zuvor gegebenen Verheißungen endlich in Erfüllung gehen zu lassen. Es sind vor allem die Verheißungen des kommenden Messias (= Gesalbten, also König, griech. = Christus) und der mit ihm beginnenden neuen Heilszeit, die nun im Neuen Testament mit der Geburt Jesu in Erfüllung gehen. So bleiben Altes und Neues Testament unlöslich miteinander verbunden und aufeinander bezogen: Mit der Menschwerdung Jesu findet die Geschichte Gottes mit seinem Volk – und schließlich auch mit der gesamten Schöpfung – zu ihrem ersehnten Ziel.

45. Ankündigung der Geburt Jesu
Lukas 1,26-38

Unser Augenmerk wird auf Nazareth, eine Stadt im Nordosten Galiläas, gerichtet. Es ist eine Gegend, die unter den Frommen Israels längst als „Galiläa der Heiden" in Verruf geraten ist. Dort wird der Engel Gabriel zu einer einfachen jungen Frau geschickt. Sie heißt Maria und ist mit dem Zimmermann Josef verlobt. Was der Engel Maria ankündigt, löst zunächst tiefes Erschrecken, dann ungläubige Verwunderung bei ihr aus: Sie, eine einfache, unbedeutende Frau, soll eine Begnadete sein?! Und dann soll sie einen Sohn bekommen, mit dem die messianischen Verheißungen in Erfüllung gehen? Wie soll das möglich sein, wo sie doch bisher mit keinem Mann geschlafen hat? Maria reagiert ganz menschlich. Sie äußert zunächst spontan die Fragen, die sich beim Lesen der Botschaft des Engels unwillkürlich aufdrängen: Ein Dienstmädchen als Auserwählte Gottes? Und dann noch eine Mutterschaft als Jungfrau? Die Erklärung, die der Engel Maria gibt (Verse 35-37), wird kritische Vernunft nicht befriedigen. Bis heute erscheint die *Jungfrauengeburt* als ein für aufgeklärtes Denken unmögliches Ereignis.

Interessant:
Was müsste geschehen, damit Menschen heute aus kritischen Fragen und Zweifeln heraus zum schlichten Glauben an Gott und seine Möglichkeiten finden? Welchen Engel müsste Gott uns schicken?

Zugegeben: Es leuchtet nicht ein. So wie es sicher Jahrhunderte hindurch niemand geglaubt hat, dass wir Menschen künstlich im Reagenzglas zeugen könnten. Der entscheidende Satz unseres Textes heißt: *Bei Gott ist kein Ding unmöglich!* (Vers 37). Die Geschichte von der Jungfrauengeburt stellt uns wie alle anderen Wundergeschichten des Neuen Testaments vor die Frage: Was trauen wir Gott in seiner Souveränität zu?

Man kann durchaus Zweifel daran haben, ob Jesus vom Heiligen Geist gezeugt, von der Jungfrau Maria geboren wurde. Spätestens mit dem biblischen Bericht von der Auferweckung Jesu von den Toten stellt sich für uns jedoch die Frage: Können wir nur als Wirklichkeit akzeptieren, was uns einleuchtet und sich mit unseren Erfahrungen deckt? Oder sind wir offen für etwas umwerfend Neues und Anderes, das Gott auch in unserem Leben bewirken kann? Am Anfang herrscht Entsetzen und Verwunderung – auch bei Maria. Doch dann findet der Satz von Gottes unbegrenzten Möglichkeiten bei ihr schlicht Glauben. Sie zweifelt und hinterfragt nicht mehr. Sie ist bereit, das anzunehmen, was Gott mit ihr vorhat.

26. Jesu Geburt im Stall von Bethlehem
Lukas 2,1-21

Interessant:
Was bewegt
mich an der
Weihnachtsge-
schichte heute
eigentlich
noch?

Die Weihnachtsgeschichte ist der uns wohl allen am meisten vertraute Text der Bibel. Er stellt die Geburt Jesu in den Zusammenhang der Weltgeschichte. In Rom herrscht Cäsar Augustus. In der römischen Provinz Syrien, zu der Palästina gehört, absolviert Quirinius als Statthalter seinen Dienst. Und dass Jesus in einem Stall zu Bethlehem zur Welt kommt, hängt mit einer Steueraktion der römischen Besatzungsmacht zusammen. Sie will, dass alle Bürger ihrer Provinz sich in ihrem jeweiligen Heimatort in die Steuerliste eintragen lassen. So macht sich Josef mit seiner hochschwangeren Verlobten von ihrem Wohnort Nazareth auf den Weg in den 170 Kilometer entfernten Heimatort Bethlehem.

Die Weihnachtsgeschichte ist alles andere als eine idyllische Geschichte. Schon mit dem ersten Satz werden Alltagssorgen beschworen, wenn von einer angeordneten Steuer-Schätzung die Rede ist. Alles andere als eine vorgezogene Hochzeitsreise ist dann der beschwerliche Marsch nach Bethlehem. Kein einziger Ort, an dem das Paar offene Türen findet und einkehren kann. Überall heißt es immer nur: „Das Boot ist voll! Viel zu viele Fremde in Bethlehem!"

Und dabei war es doch Josefs Geburtsstadt. Am Ende sind sie froh, noch in einem Viehstall Unterschlupf zu finden. Und dort kommt Jesus zur Welt – abseits der großen Schauplätze der Weltgeschichte.

Nein, die Weihnachtsgeschichte eignet sich nicht zur rührseligen Schnulze. Dafür sorgen auch die Hirten auf den Feldern von Bethlehem: Raue Burschen, die in einem harten Rund-um-die-Uhr-Job ihre Herden nicht selten gegen wilde Tiere verteidigen und dabei ihr Leben aufs Spiel setzen. Auch hier findet sich keine romantische Schäfer-Idylle. Doch diese Männer sind die ersten, die mitten in ihrem ansonsten so freudlosen, harten Alltag die Botschaft der Engel hören: *Fürchtet euch nicht ... Euch ist heute der Heiland geboren.* Und dann haben sie es plötzlich eilig, um im nächtlichen Stall den Anlass der Freudenbotschaft persönlich in Augenschein zu nehmen. Statt stiller Beschaulichkeit finden wir eher so etwas wie heilige Hetze, um dabei zu sein und das Kind in der Krippe ja nicht zu verpassen. Klar, dass diese Männer anschließend den Mund nicht halten können und ihre Erfahrung unbedingt an andere weitergeben müssen. Aber nicht genug damit: Vielleicht zum ersten Mal in ihrem Leben loben und preisen diese rauen Burschen Gott für das, was er getan hat.

47. Johannes und die Taufe Jesu
Markus 1,1-15

Das Evangelium nach Markus, das älteste unter den Evangelien, beginnt seinen Bericht nicht mit der Geburt Jesu, sondern mit der Erwähnung *Johannes des Täufers* und seines Wirkens in der Wüste am Jordan. Obwohl nur ein halbes Jahr älter als Jesus, hat Johannes schon früh als einflussreicher Bußprediger in Israel gewirkt. Zu Tausenden pilgern die Menschen zu ihm in die Wüste an den Jordan, wo er – in seiner Lebensweise wie ein alttestamentlicher Prophet auftretend – mit eindringlichen Worten die Menschen zur Buße auffordert und sie zum Zeichen ihrer Sinnesänderung im Jordan tauft. Dabei liegt in der Predigt des Johannes der Akzent stark auf dem drohenden Strafgericht Gottes.

Interessant:

Auch als Sohn Gottes bleibt Jesus nicht von Versuchung verschont. Er bleibt also in allem ganz Mensch wie wir auch. Ein tröstlicher Gedanke für uns – oder?

Auch Jesus wird bald darauf die Menschen zur Umkehr auffordern. Doch steht für seinen Umkehrruf eine andere Begründung im Vordergrund: *Das Reich Gottes ist herbeigekommen! Tut Buße (= kehrt um) und glaubt an das Evangelium* (Vers 15, zu vergleichen mit dem Bußruf des Täufers Lukas 3,7-9).

Es ist die liebende Zuwendung Gottes zu seinem Volk, die Umkehr möglich macht.

So wichtig und bedeutsam Johannes der Täufer als Bußprediger und Anführer einer geistlichen Erneuerungsbewegung für Israel damals auch war: In den Evangelien findet er vor allem deshalb Erwähnung, weil er sich als Vorbote Jesu verstanden hat. Es ist Zeichen einer inneren Größe, wenn dieser Prophet Gottes, zu dem die Massen nur so strömen, sich selbst und sein Wirken so zurücknehmen kann. Johannes weiß: Seine Taufe hat nur eine vorläufige Bedeutung. Erst die Taufe mit dem Heiligen Geist, von Jesus vollzogen, wird die Menschen von Grund ihres Herzens her verändern. Doch auch Jesus, als der von Johannes angekündigte Stärkere, demütigt sich, indem er sich wie alle anderen von Johannes im Jordan taufen lässt. Er stellt sich damit in eine Reihe mit erlösungsbedürftigen Sündern.

Allerdings hat die Taufe Jesu noch eine andere Bedeutung. Gott selbst meldet sich mitten im Taufgeschehen zu Wort. Er proklamiert *Jesus als Sohn Gottes*. Damit sollen alle erfahren: Alles, was jetzt durch Jesus geschieht, ist von Gott so gewollt und gewirkt.

8 Störung im Gottesdienst
Markus 1,21-28

Interessant:
Welche Frage
würde ich gerne
Jesus stellen, um
im Klärungsprozess
um seine Person
ein Stück weiter-
zukommen?

Jesus beginnt sein öffentliches Wirken in der Synagoge von Kapernaum, nachdem er am See Genezareth die ersten Jünger berufen hat. Anders als Johannes zieht Jesus nicht in die Wüste, um die Menschen zu sich kommen zu lassen. Er wandert zunächst durch die Städte und Dörfer seiner galiläischen Heimat, um den Menschen seine Botschaft vom Kommen des Reiches Gottes nahe zubringen.

So finden wir Jesus an einem Sabbat in der Synagoge von Kapernaum. Was er dort tut, ist zunächst nichts Ungewöhnliches. Denn jeder erwachsene jüdische Mann hatte das Recht, während des Synagogengottesdienstes, einen Text vorzulesen und ihn anschließend auszulegen. Doch was Jesus sagt, ruft bei den Gottesdienstbesuchern Entsetzen hervor: Sie empfinden, dass seine Worte vollmächtig sind, was sie von der Botschaft der Schriftgelehrten, die sich meistens im Aufruf zur Gesetzestreue erschöpfte, nicht kannten. Sorgt schon die Verkündigung Jesu in der Synagoge für einige Unruhe, so machen die lauten Zwischenrufe eines dämonisch Besessenen das Durcheinander komplett. Rätseln die Besucher noch, was das für eine neue Lehre sei und in welcher Vollmacht sie der Gastprediger vertrete, hat der böse Geist, der aus dem Besessenen herausschreit, längst den klaren Durchblick und erkennt in Jesus *den Heiligen Gottes*. Es ist so, als wittere der Dämon die mit Jesus verkündete größere Macht, der er nun weichen muss. Und so geschieht es: Nach einem kurzen Befehlswort Jesu und einem letzten Aufbäumen des Dämons muss dieser weichen und den bisher besessenen Menschen freigeben. Eine erstaunliche Geschichte, gewiss. Manche Leser werden wie die Gottesdienstbesucher damals fragen: „Was ist das? Was steckt dahinter?"

Es fällt uns meist schwer, die Realität finsterer Mächte zu akzeptieren. Gibt es überhaupt Dämonen? Oder steckt dahinter nur der Volksaberglaube früherer Zeiten? Aber wer anderes als finstere, lebenzerstörende Mächte stehen hinter manchen grauenvollen Ereignissen der Geschichte? Lässt sich alles so ganz rational erklären? – Das ganze Neue Testament bezeugt: Jesus ist stärker. Er ist der Sieger – auch über die unsichtbaren, lebenzerstörenden Mächte der Finsternis.

Die Botschaft Jesu vom angebrochenen Reich Gottes

„Jesu Wirken kreist um einen faszinierenden Begriff. Auf ihn ist alles bezogen, und von ihm strahlt alles aus. Die Mitte ist das Reich Gottes." Mit diesen Worten charakterisiert der Neutestamentler Leonhard Goppelt auf eine knappe, präzise Weise die Mitte dessen, was Jesus sagte und tat. Es geht beim Reich Gottes nicht um etwas Himmlisch-Jenseitiges, auch nicht um eine Frage der „Weltanschauung", sondern um den lebendigen Gott selbst. Reich Gottes meint das alles umfassende Handeln Gottes an seiner ganzen Schöpfung, seine endgültige Selbstdurchsetzung – und damit den durch keine Macht der Welt aufzuhaltenden Beweis seiner Gottheit. Wenn Jesus den Begriff Reich Gottes (bzw. Himmelreich) in den Mittelpunkt seines gesamten Wirkens stellt, so knüpft er dabei an die Tradition der jüdischen Apokalyptik an. Doch neben einer unbestreitbaren Nähe zu den Apokalyptikern gibt es in der Verkündigung Jesu doch bedeutsame Unterschiede:

1. Am kühnsten schreitet Jesus über das apokalyptische Schrifttum hinaus, indem er das Reich Gottes unlösbar mit seiner Person verbindet. Die künftige Herrschaft Gottes ist in der Person Jesu, seinen Worten und Taten bereits jetzt Wirklichkeit. So wie die Morgendämmerung die Finsternis der Nacht langsam vertreibt, so bedeutet das Kommen Jesu in die Welt den Anbruch des Reiches Gottes. Dabei wird unmissverständlich deutlich: Der ersten Dämmerung folgt das Tageslicht.

2. Im Unterschied zur sonstigen Apokalyptik ist Jesus von einer ausgesprochenen Naherwartung bestimmt: Noch innerhalb der Lebzeiten seiner Hörer erwartet Jesus den endgültigen Durchbruch des Reiches Gottes (Markus 9,1; Matthäus 24,34). Diese drängende Naherwartung gibt der Botschaft Jesu vom Reich Gottes eine deutliche Schärfe und eine unerhörte Aktualität.

3. Im Unterschied zu Johannes dem Täufer betont Jesus die Nähe des Reiches Gottes als freudiges Ereignis. Während der asketisch eingestellte Täufer das kommende Reich als drohendes Gericht auffasst, in dem die Tenne gründlich gefegt wird (vgl. Matthäus 3,7.10), verkündet Jesus im Unterschied dazu das unmittelbar bevorstehende Gottesreich als Evangelium, d.h. frohe Botschaft (vgl. Markus 1,15). Das Kommen des Reiches Gottes ist ein Ereignis, das bei den Menschen Freude und Jubel auslösen wird. Dieser jubelnde Klang ist ein Leitmotiv der ganzen Verkündigung Jesu.

29. Das Gleichnis vom vierfachen Ackerfeld
Markus 4,1-20

Interessant:

„Vierfach ist das Ackerfeld: Mensch, wie ist dein Herz bestellt?" heißt es in einem alten Spruch. Sind wir Menschen verantwortlich für unsere Herzenseinstellung?

Der Bezug dieses Gleichnisses zur Botschaft vom Reich Gottes wird in Vers 11 deutlich: *Euch ist das Geheimnis des Reiches Gottes gegeben; denen aber draußen widerfährt es alles in Gleichnissen.*

Diese Aussage überrascht, ja befremdet. Wir verstehen Gleichnisse als bildhafte Veranschaulichungen, die Einsicht und Verstehen erleichtern sollen. Wie kann da Jesus sagen, er erzähle Gleichnisse, damit die Leute *draußen das Geheimnis des Reiches Gottes* nicht kapieren? In der Tat ein nur schwer nachvollziehbarer Gedanke.

Vielleicht lässt sich der augenscheinliche Widerspruch so lösen: Natürlich kann die von Jesus erzählte Geschichte vom Sämann jedes Kind sogleich verstehen, auch wenn es den Zuhörern sicherlich merkwürdig vorkam, dass drei Viertel der Saat am Ende verloren geht, weil sie keine Frucht trägt. So verschwenderisch geht normalerweise kein Bauer in Palästina mit seiner Saat um: Er würde da schon genauer Acht geben, auf welchen Boden er seinen Samen ausstreut. Und eben hier beginnt das von Jesus erzählte Gleichnis den Rahmen des seinen Zuhörern Bekannten und Vertrauten zu sprengen. Eigentlich geht kein Bauer so sorglos mit seiner Saat um, wie Jesus das Wort Gottes unter die Menschen austeilt: Alle sind gemeint und jedem gilt die Botschaft ganz persönlich. Doch es gibt viele Faktoren, die den Lauf des Wortes Gottes hindern: Die Vögel, die den Samen aufpicken, symbolisieren den Teufel, der das Evangelium gar nicht erst das Herz der Menschen erreichen lässt. Bei einem andern überwiegen Bequemlichkeit und Feigheit, wenn es darum geht, dem Wort Gottes zu folgen und sich dazu zu bekennen. Und bei wieder einem andern überwuchern die täglichen Sorgen das aufkeimende Vertrauen in Gottes gutes Wort. Ist darum „der normale Erfolg des Wortes Gottes der Misserfolg", wie der Theologe Julius Schniewind in der Auslegung zu dieser Stelle gemeint hat?

Unter quantitativen Gesichtspunkten könnte man es so sehen – wäre da nicht jener Teil des Ackers, der auf wunderbare Weise eine erstaunlich große Ernte hervorbringt. Was den meisten Zuhörern Jesu damals verborgen blieb: In der Annahme oder Ablehnung der von Jesus verkündeten Botschaft fallen die Würfel über die Zugehörigkeit zum kommenden Reich Gottes. Und daran hat sich bis heute nichts geändert.

50. Das Gleichnis vom Senfkorn
Markus 4,30-34

Interessant:
Von Alfred Loisy stammt die Bemerkung: „Jesus verkündete das Reich Gottes. Doch was kam, war die Kirche." Hat die Kirche dem Kommen des Reiches Gottes mehr im Wege gestanden als es zu fördern?

Im Unterschied zum *Gleichnis vom vierfachen Ackerfeld*, in dem jeder einzelne erzählte Aspekt der Geschichte gedeutet werden muss – wir nennen diese Form des Gleichnisses *Allegorie* – zählt das Gleichnis vom *Senfkorn* zur Gattung der *Kontrastgleichnisse*, in dem im Bild des stecknadelgroßen *Senfkorns* der unscheinbare Anfang des *Reiches Gottes* mit seiner überaus großartigen Vollendung einander gegenübergestellt wird. Wieder greift Jesus auf einen seinen Zuhörern vertrauten Vorgang in der Natur zurück: Jeder kannte das Senfkorn als das allerwinzigste unter den Saatkörnern und wusste: Wenn es erst einmal aufgegangen ist, so kann die Senfstaude eine Größe von zweieinhalb bis drei Metern erreichen. Selbst die Vögel können dann im Schatten seiner Zweige und Blätter nisten.

Der Sinn dieses Gleichnisses lässt sich für uns leicht erkennen: Aus den unscheinbarsten Anfängen, aus einem Nichts für menschliche Augen, schafft Gott seine machtvolle Königsherrschaft, die einmal alle Welt umfassen wird. So wie die Botschaft Jesu als des einfachen Zimmermannsohns aus Nazareth am Anfang nur eine kleine Zahl von Menschen in der jüdischen Provinz erreicht, so wird daraus doch eine Bewegung, die die ganze Welt umspannt und verändert. Seinen Kritikern, die Anstoß nehmen an Jesu Herkunft (*Was kann aus Nazareth Gutes kommen?* – Johannes 1,46) und seine Bevollmächtigung durch Gott bezweifeln, setzt Jesus die Kühnheit seiner Zuversicht entgegen: Ihr werdet es erleben, wie aus den von euch verachteten geringen Anfängen das Reich Gottes am Ende über alle andern Mächte und Gestalten dieser Welt triumphieren wird.

Wie die Zuhörer Jesu damals, so sind auch wir Leser des Gleichnisses heute gefragt, ob wir uns von dieser Zuversicht Jesu anstecken lassen: Glauben wir trotz aller unscheinbaren Anfänge und trotz aller Irrungen und Wirrungen einer 2000-jährigen Geschichte des Christentums daran, dass Gottes Reich sich schließlich machtvoll durchsetzen wird? Glauben wir es trotz aller bis heute anhaltenden Verborgenheit der Königsherrschaft Gottes?

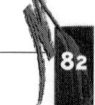

Das Gleichnis vom Schatz im Acker und der kostbaren Perle
Matthäus 14,44-46

Unser Text zählt zu den so genannten *Doppelgleichnissen*, in denen Jesus die Kostbarkeit des Reiches Gottes herausstellt: Menschen sind bereit, ihr gesamtes Vermögen für das höchste Ziel einzusetzen. Ein Bauer und ein Kaufmann spielen dabei die Hauptrolle. Ein Mann findet völlig überraschend – offenbar beim Pflügen – einen Schatz im Erdreich. Statt – wie wir vielleicht erwarten würden – den Schatz heimlich an sich zu nehmen und dem Besitzer des Ackers seinen wertvollen Fund zu verschweigen, kratzt er seine letzten Ersparnisse zusammen, verkauft sein Hab und Gut, um den Acker zu erwerben – und somit auch rechtmäßiger Besitzer des Schatzes zu sein.

Interessant:

In einem alten Lied von Johann Franck heißt es: „Weg mit allen Schätzen; du bist mein Ergötzen, Jesu, meine Lust. Weg, ihr eitlen Ehren, ich mag euch nicht hören, bleibt mir unbewusst."

Ähnlich ungewöhnlich verhält sich auch der Kaufmann in der Geschichte. Zwar sucht er gezielt nach guten Perlen. Doch als er schließlich beim Gang durch die Läden, Bazare und Marktbuden eine wunderschöne, kostbare Perle entdeckt, da überrascht auch seine Reaktion: Um in den Besitz dieser einen Perle zu kommen, setzt er sein gesamtes Vermögen ein. Nein, normal verhalten sich die Akteure in unserer Geschichte wirklich nicht. Für ihren außergewöhnlichen Einsatz kann es nur eine einleuchtende Erklärung geben: Beide halten ihren Fund für so sensationell großartig und sind davon so sehr fasziniert, dass sie ihn um alles in der Welt ihr Eigen nennen möchten. Mit dem *Schatz im Acker* und der *kostbaren Perle* spielt Jesus abermals auf das Reich Gottes an: Offenbar gibt es Menschen, die von diesem Reich Gottes bzw. von dem, was Jesus sagt und tut, so sehr fasziniert sind, dass sie um seinetwillen ohne Zögern bereit sind, ihre ganze Habe und alle bürgerlich-materiellen Sicherungen preiszugeben. Sollte man sie deswegen als törichte Tölpel einstufen, die allzu leichtfertig ihren bisher mühsam erworbenen Besitz verspielen? Jesus will mit diesem Gleichnis genau die umgekehrte Sicht bei uns provozieren: Wer erst einmal das Reich Gottes als großartige Wirklichkeit entdeckt hat und wer sich von Jesus hat beschenken lassen, für den wird alles andere zweitrangig. Wenn wir in dieser Geschichte das Beispiel eines aufopferungsvollen Verzichts sehen würden, hätten wir sie nicht verstanden. Sie will als Geschichte eines einzigartigen Gewinns gelesen werden. Freilich gehört dazu auch das Loslassen.

83

Wichtige Stationen
auf der Reise durch das Neue Testament

Markus 4,30-34

1. Jesus wird geboren

Der Ort: Bethlehem, eine Stadt in Judäa, zehn Kilometer südlich von Jerusalem.

Das Ereignis: Eine bekannte Geschichte – kein Raum in der Herberge; Hirten; ein Stern, drei weise Männer; ein Kind, geboren in einem Stall – es ist die Geschichte, die dem Weihnachtsfest zugrunde liegt.

Die Bedeutung: Es gäbe kein Neues Testament und keinen christlichen Glauben ohne dieses Kind, das in Bethlehem geboren wurde. Das Ereignis war so bedeutsam, dass man den Beginn einer neuen Zeitrechnung hier ansetzte (die Zeit vor Christi Geburt – die Zeit nach Christi Geburt).

2. Jesus beginnt sein Werk

Die Orte: Jesus begann sein Werk in Judäa. Aber schon bald zog er nach Galiläa, wo ihm sehr schnell viele Menschen folgten. Das Zentrum seiner Aktivitäten war Kapernaum.

Die Ereignisse: Jesus heilt Kranke, er redet von Gott, er sammelt zwölf Männer in seinem engeren Kreis um sich; seine Wundertaten und seine radikalen Reden erregen Aufmerksamkeit – nicht zuletzt bei der Obrigkeit.

Die Bedeutung: Innerhalb von kaum drei Jahren verursachte Jesus eine nicht geringe Unruhe – was er tat und sagte, veränderte das Leben vieler Menschen. Er kam nie weiter als 150 Kilometer über seine Heimatstadt hinaus, aber die Botschaft, die er verkündigte, breitete sich über die ganze Welt aus. Und noch heute, zweitausend Jahre später, verändert sie das Leben von Menschen.

3. Hingerichtet und wieder zum Leben erweckt

Der Ort: Jerusalem; eine Müllhalde, genannt Golgatha.

Die Ereignisse: Der Sanhedrin (die oberste, religiös ausgerichtete, jüdische Behörde) beschuldigt Jesus der Gotteslästerung. Sie besitzt jedoch nicht die Macht, ihn wie beabsichtigt zum Tode zu verurteilen. Die hat sich die römische Besatzungsmacht vorbehalten. Nach einigem Taktieren gelingt es ihnen, Pilatus, den römischen Statthalter, zu überreden, das Urteil zu vollstrecken. Jesus wird zwischen zwei Verbrechern an ein Kreuz gehängt. Nach sechs Stunden ist er tot und wird in ein Grab gelegt, das aus einem Felsen herausgehauen wurde. Ein großer Stein versperrt den Eingang.

Aber drei Tage später ist das Grab leer, und Jesus begegnet als Lebendiger vielen seiner Freunde. Zwei Monate nach seiner Kreuzigung verkündigen die Jünger mutig und kraftvoll, dass Jesus lebt. Sie sind bereit, Leiden und sogar den Tod für ihre Überzeugung in Kauf zu nehmen.

Die Bedeutung: Der christliche Glaube steht und fällt mit der Auferstehung Jesu. Sie ist der Höhepunkt im Heilsplan Gottes zur Rettung der Menschheit. Seine Auferstehung öffnet uns den Durchgang vom Tod in das ewige Leben bei Gott. Etwas Bedeutungsvolleres als dieses Ereignis lässt sich wohl kaum denken.

4. Die junge Kirche wächst

Die Orte: Die Nachricht von Jesus verbreitete sich von Jerusalem aus durch die Menschen, die Zeugen der bewegenden Ereignisse nach seiner Hinrichtung gewesen waren. Oder durch solche wie Paulus, die unermüdlich und furchtlos davon redeten, was sie glaubten.

Die Ereignisse: Verfolgung von Christen durch die Römer, bewegende Berichte über den Märtyrertod von Gläubigen; die Entstehung neuer Gemeinden, selbst über Landesgrenzen hinaus; die christliche Lehre und das Verhalten der Christen werden geprüft und angenommen.

Die Bedeutung: Die beeindruckende Art und Weise, mit der die ersten Anhänger Jesu ins Land zogen und die Botschaft über sein Leben und seine Lehre verbreiteten, lässt uns ahnen, wie stark ihr Glaube an diesen auferstandenen Jesus war. Es fällt schwer, sich vorzustellen, dass sie all diese Unannehmlichkeiten in Kauf genommen und auch nur ein Wort über Jesus verloren hätten, wenn sie auch nur den leisesten Zweifel in Bezug auf seine Auferstehung gehegt hätten. Dass die Botschaft von Jesus noch heute aktuell ist, dass auf der ganzen Welt Millionen von Menschen an Jesus glauben, ist ebenfalls ein Hinweis für die Wahrheit der Berichte des Neuen Testaments.

52. Das Gleichnis vom barmherzigen Samariter
Lukas 10,25-37

Eigentlich wollte dieser Schriftgelehrte mit seiner Frage nach dem ewigen Leben Jesus nur einmal theologisch „auf den Zahn fühlen", doch dann mündet das Lehrgeplänkel unvermittelt in eine von Jesus erzählte Geschichte, mit der er seine Zuhörer aufs Höchste provoziert haben dürfte: *Das Gleichnis vom barmherzigen Samariter* ist eine *Beispielerzählung*, mit der Jesus das Verhalten eines Menschen als vorbildlich schildert. Möglicherweise hat Jesus dabei an eine tatsächliche Begebenheit angeknüpft. Denn der knapp 30 km lange Abstieg von Jerusalem hinunter nach Jericho im Jordantal war damals für seine Gefährlichkeit berüchtigt. Dem unter die Räuber gefallenen, beraubten und halbtot geschlagenen Menschen begegnen zunächst ein Priester, dann ein Levit: Männer, die offenbar gerade vom Tempeldienst kamen und nun „Feierabend" hatten. Doch beide gehen achtlos an dem Opfer vorüber ...

Interessant:

Wir versagen gegenüber dem Gebot der Nächstenliebe meist dann, wenn wir ganz plötzlich, unerwartet und spontan Menschen, die in Not geraten sind, helfen sollen.

Gespannt lauschen die Zuhörer der Fortsetzung der Geschichte. Sie erwarten jetzt einen Dritten, der sich nun endlich des Opfers am Straßenrand annehmen wird. Und natürlich kann das eigentlich nur ein israelitischer „Laie" sein, womit die ganze Geschichte eine antiklerikale Spitze bekommen würde. Um so überraschter und provozierter sind sie, als ihnen Jesus erzählt: Dieser Dritte, der das Liebesgebot erfüllt, ist ein *Samariter*.

Eigentlich unvorstellbar! Denn zwischen Juden und dem Mischlingsvolk der Samariter herrschte beiderseits ein unversöhnlicher Hass. Mit der überraschenden Fortsetzung der Geschichte stellt Jesus klar, dass das Liebesgebot Gottes unbedingt gilt und grenzenlos ist. Entgegen der landläufigen Auffassung, man brauche nur die eigenen Volksgenossen zu lieben und Feinde bzw. vom Glauben Abtrünnige seien davon auszunehmen, hält Jesus daran fest: Das Gebot, den Nächsten zu lieben, gilt ohne eine Einschränkung! Der Samariter hat dies begriffen. Während der Schriftgelehrte nach den Grenzen seiner Pflicht zur Nächstenliebe fragt, sagt Jesus ihm: Denke von dem aus, der in Not geraten ist. Versetz dich in seine Lage. Überleg dir: Wer braucht jetzt meine Hilfe? Dann wirst du sehen, dass es keine Grenze für das Liebesgebot gibt!

3. Das Gleichnis vom großen Festmahl
Lukas 14,15-24

Dass das Kommen des *Reiches Gottes* ein Grund zur Freude und zum Jubel ist, hat Jesus immer wieder in Gleichnissen deutlich gemacht. Dabei vergleicht er das Reich Gottes mit einem großen Fest bzw. einer Hochzeit, zu der viele Gäste geladen sind. So geschieht es auch in unserem Text. Auf die Bemerkung eines Tischnachbarn: *Selig ist, der das Brot ißt im Reich Gottes!* (Vers 15) erzählt Jesus das *Gleichnis vom großen Festmahl:* Wie zu seiner Zeit üblich, werden die schon vorab eingeladenen Gäste noch einmal durch einen Boten persönlich aufgesucht und eingeladen, sich jetzt auf den Weg zum Fest zu machen. Das eigentlich Unvorstellbare geschieht: Einer nach dem andern entschuldigt sich – mal mit einsichtigen, mal mit fadenscheinigen Gründen – und bleibt dem Fest fern. So lässt man den Gastgeber doch nicht sitzen!

Interessant:

Dass Menschen „genötigt werden, hereinzukommen" (vgl. Vers 23), hat in der Geschichte der christlichen Mission zu schrecklichen Missverständnissen geführt. So wurde z.B. Zwang und Gewalt angewendet, um Menschen zur Annahme der Einladung zu bewegen. Doch Mission kann nur im Geist der Liebe und Versöhnung geschehen (vgl. 2. Korinther 5,20).

Ob den Zuhörern in diesem Augenblick bewusst geworden ist, dass Jesus damit ja zugleich auf die überwiegend ablehnende Haltung der Juden anspielt?

Trotzdem fällt die Feier nicht ins Wasser, auch wenn zunächst viele Plätze an der gedeckten Festtafel leer bleiben. Menschen, die ursprünglich nicht auf der Gästeliste standen, erhalten nun ganz überraschend eine Einladung zum Fest. Und sie kommen tatsächlich und feiern mit: Menschen aus allen Nationen und Schichten – und besonders auch solche, die eher am Rand der Gesellschaft stehen.

Die Botschaft dieses Gleichnisses ist klar: Gott feiert am Ende der Zeiten sein Fest im vollendeten Reich. Alle Welt ist dazu eingeladen, auch wenn manche diese Einladung ausschlagen werden. Bis es soweit ist, sind die Boten Gottes unterwegs, um Menschen einzuladen, sich der Bewegung des Reiches Gottes anzuschließen und an Jesus zu glauben. Auch heute hören Menschen diese Einladung – und müssen sich entscheiden.

54. Das Gleichnis vom verlorenen Sohn
Lukas 15,11-32

Angestoßen durch die Kritik von Schriftgelehrten und Pharisäern, die ihm verübeln, dass er gesellschaftlichen Kontakt mit stadtbekannten Sündern pflegt (vgl. Vers 1), erzählt Jesus die *Geschichte vom verlorenen Sohn*, sein wohl bekanntestes Gleichnis. In überwältigender Schlichtheit schildert dies Gleichnis: So ist Gott, so gütig, so gnädig, voll Erbarmen und überfließend von Liebe!

Interessant:

Manche halten die Bezeichnung „Gleichnis vom verlorenen Sohn" nicht für zutreffend. Sie würden es lieber „Gleichnis von den beiden verlorenen Söhnen" oder „Gleichnis von der Liebe des Vaters" nennen. Welche Bezeichnung wähle ich?

Obwohl der jüngere Sohn das Erbe des Vaters verprasst hat und selbst weiß, dass er durch eigene Schuld alles verspielt hat und darum keinerlei Ansprüche mehr an seinen Vater stellen kann, freut sich der Vater über die Heimkehr des Verlorenen und veranstaltet ihm zu Ehren ein Freudenfest. Und genauso ist im Himmel bei Gott Freude über einen Menschen, der zu ihm zurück findet. Doch ist damit nur die erste Hälfte des Gleichnisses (Verse 11-24) wiedergegeben, denn es schildert ja nicht nur die Heimkehr des verlorenen Sohnes, sondern auch den Protest des älteren Bruders.

Warum diese Fortsetzung? Die Antwort liegt auf der Hand: Um der konkreten Situation willen! Jesus erzählt dieses Gleichnis ja solchen Menschen, die dem älteren Bruder gleichen, d.h. denen, die sich am Evangelium von der grenzenlosen Liebe und Vergebungsbereitschaft Gottes ärgern. Sie sollen im Gewissen getroffen werden! Ihnen sagt Jesus: So groß ist Gottes Liebe zu seinen verlorenen Söhnen und Töchtern, und ihr seid in eurer vermeintlichen Frömmigkeit so freudlos, undankbar und selbstgerecht! Freut euch doch mit, wenn Sünder umkehren und Verirrte wieder heimfinden!

Ob die Angesprochenen diese Einladung angenommen haben? Das Ende des Gleichnisses lässt dies offen. Es bricht abrupt ab, und wir erfahren nicht mehr, ob der ältere Sohn der Bitte des Vaters folgt und zum Fest kommt. Deutlich wird immerhin: Noch hat Jesus nicht den Stab über seine frommen Kritiker gebrochen. Noch hat er die Hoffnung, dass sie erkennen, wie ihre Selbstgerechtigkeit und Lieblosigkeit sie von Gott trennt, und dass sie zu der großen Freude finden, die das Evangelium bringt.

Die Bergpredigt Jesu

Die drei Kapitel aus dem Matthäusevangelium – Matthäus 5-7 –, bekannt unter dem Namen Bergpredigt, sind zweifellos der erregendste und wirkkräftigste Text des ganzen Neuen Testaments. Es ist schon aufregend zu entdecken, wie sich die Kirchen Jahrhunderte hindurch mit den Herausforderungen der Bergpredigt schwer getan haben, während auf der anderen Seite ein Hindu wie Mahatma Gandhi von Passagen der Bergpredigt so fasziniert war, dass sie Grundlage seiner Politik des gewaltlosen Widerstands wurde, mit der er schließlich die Unabhängigkeit Indiens ertrotzte.

Haben christliche Politiker von Fürst Bismarck bis Helmut Schmidt immer wieder lapidar erklärt, mit der Bergpredigt könne man keine praktische Politik machen, so wurden wir von nichtchristlichen Politikern wie dem Moslem Anwar el Sadat oder dem getauften Atheisten Michail Gorbatschow eines Besseren belehrt ...

Wie ist dieser Widerspruch zu erklären? Ich habe den Eindruck: Die Kirchen waren immer wieder bemüht, den in der Bergpredigt enthaltenen „Sprengsatz" der radikalen Botschaft Jesu zu entschärfen und sie der kirchlichen Normalität anzupassen.

Nun hat die Bergpredigt eine entscheidende Basis: Das ist der Bergprediger selbst. Sie kann als Ganzes nur dann richtig verstanden und beherzigt werden, wenn sie uns zum Vertrauen in den Bergprediger selbst hinführt und uns seinen Weg zu einem andern Berg, nämlich Golgatha, verstehen lernt. Die Bergpredigt Jesu ist darum eingebettet in die ganze Geschichte Jesu, die eine einzigartige Geschichte des Erbarmens mit den Erbärmlichen und Unbarmherzigen ist. Da gibt es keinen Satz in der Bergpredigt, bei dem Jesus mit seinem Leben die entsprechende Deckung schuldig geblieben wäre. Wir würden die radikalen Antithesen Jesu, sein Ich aber sage euch ... kräftig missverstehen, wenn wir darin nur die von Jesus verschärften Einlassbedingungen ins Reich Gottes heraushören würden.

Nein, jedes Du sollst ... der Bergpredigt ist im Evangelium verankert, d.h. in der gnädigen Zuwendung Jesu zu den Armen und Beladenen. Darum beginnt die Bergpredigt ja auch mit der Seligpreisung der Armen, Traurigen, Sanftmütigen und Dürstenden. Ihnen spricht Jesus die ganze Fülle des göttlichen Heils zu. Wenn er seine Zuhörer anschließend mit seinen radikalen Herausforderungen konfrontiert, muss sie dies nicht schrecken, wenn sie damit rechnen, dass Jesus ihnen zugleich die Kraft geben kann, seine Worte zu beherzigen. Auch wenn dies wohl immer nur bruchstückhaft geschieht.

55. Die Seligpreisungen
Matthäus 5,1-12

Interessant:

Nicht die werden es einmal gut haben bei Gott, die meinen, sie könnten mit dem im Leben Erreichten bei ihm glänzen. Anteil an Gottes Reich werden vielmehr jene haben, die begriffen haben, wie sehr sie auf Gott angewiesen sind.

Schon die ersten Sätze der Bergpredigt lassen uns aufhorchen: Jesus spricht Menschen die Seligkeit zu, die man sonst eher übersieht oder beiseite schiebt: die kleinen Leute, die gesellschaftlich Benachteiligten und Zukurzgekommenen, die Traurigen und Leidenden, aber auch die, die ihre Sehnsucht nach einer gerechten und friedlichen Welt noch nicht begraben haben und die klar und eindeutig ihr kleines Leben leben. Wer von uns gehört schon zu dieser Gruppe von Menschen; ja, wer von uns möchte überhaupt zu ihnen gehören? Und nun geschieht das Unerhörte, allen Erwartungen und Einschätzungen Zuwiderlaufende: Allen diesen Ohnmächtigen und Unbedeutenden, den als ewig gestrig Verschrienen und nicht in diese Welt Passenden spricht Jesus es zu: *Ihr seid zu beglückwünschen! Ihr werdet es gut haben, denn euch gehört das Himmelreich (= Reich Gottes)! Euch wird Gott trösten! Euch wird er das verheißene Land geben! Euch wird er satt machen!* Um diese unerhörten Zusagen nicht sogleich misszuverstehen: Jesus verklärt damit weder Armut und Leid von Menschen, noch vertröstet er die Menschen mit seinen Seligpreisungen auf einen fernen St. Nimmerleinstag.

In seinem ganzen Reden und Tun ist Jesus immer wieder gegen Armut und Leid, Krankheit und Not von Menschen beherzt angegangen und hat es keineswegs passiv-ergeben als unausweichlich hingenommen. Aber er hat eben auch sehr realistisch gesehen, dass es damit noch nicht aus der Welt geschafft ist. Seine Seligpreisungen sind eschatologisch, d.h. auf die von Gott verheißene Zukunft hin zu verstehen. Und doch haben seine Worte große Bedeutung schon für die Gegenwart. Denn in Jesus ist Gott schon in seiner Liebe und Barmherzigkeit da: Schon in der Gegenwart verändert sich das Leben der Armen, der Traurigen und Sanftmütigen. Denn Jesus ruft sie zu sich und lädt sie an seinen Tisch. Das ist freilich noch nicht das große himmlische Festmahl, zu dem sie eingeladen sind. Aber sie dürfen jetzt schon Gast sein bei dem Jesus, der selbst so arm ist wie sie; selbst ein Leidender – und selbst sanftmütig und demütig. Und weil sie jetzt schon an der Seite Jesu stehen, wird ihnen einmal die großartige Zukunft Gottes in seiner ganzen Fülle gehören.

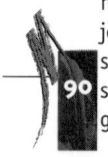

56. Von der Provokation der Feindesliebe
Matthäus 5,38-48

Interessant:
„Wer über das Gebot der Feindesliebe nachdenkt, wird auch seine eigene Feindseligkeit zu Gesicht bekommen", meinte Martin Linz. Der erste Schritt zur Verständigung und Versöhnung mit dem Gegner führt über die selbstkritische Einsicht des eigenen Anteils an der bestehenden Feindschaft.

Von allen Texten der Bergpredigt haben die Worte Jesu vom *Hinhalten der anderen Backe* (Vers 39) und von der *Feindesliebe* (Vers 44) die entschiedenste Ablehnung und die leidenschaftlichste Zustimmung hervorgerufen. So begründete etwa der Philosoph Herbert Marcuse seinen Widerspruch so: „Der Haß gegen Ausbeutung und Unterdrückung ist ein humanes Element ... Nichts ist entsetzlicher als die Liebespredigt: Liebe deine Feinde! in einer Welt, in der Haß durchaus institutionalisiert ist." Der Bürgerrechtler Martin Luther King wiederum brachte seine Begeisterung über die Worte Jesu mit den Worten zum Ausdruck: „Ich weiß kein intelligenteres Gebot als das der Feindesliebe, denn nur die Befolgung dieses Gebotes kann die unselige Spirale von Gewalt und Gegengewalt durchbrechen und Versöhnung zwischen Feinden bewirken." Immerhin hat Martin Luther King mit der auf dem Gebot der Feindesliebe gegründeten Strategie des gewaltlosen Widerstandes erfolgreich die Gleichberechtigung für die schwarzen Bürger in den USA erkämpft. Das Gebot der Feindesliebe darf darum nicht im Sinne einer „Duckmäuser-Ethik" missverstanden werden, nach der Menschen aus Feigheit und Ängstlichkeit dem Feind *die Backe hinhalten*, statt ihm trotzig die Stirn zu bieten. Im Gegenteil: Praktizierte Feindesliebe erfordert enorm viel Mut und Zivilcourage. Der unbedingte Wille, sich mit seinen Feinden zu versöhnen, schließt den Kampf um Freiheit und Gerechtigkeit nicht aus, sondern gerade ein. Die Frage ist allerdings, mit welchen Waffen bzw. Methoden dieser Kampf geführt wird. Die Antwort kann nur heißen: Strikter Gewaltverzicht – und ein dafür umso entschlosseneres Rechnen mit der lebens- und gesellschaftsverändernden Macht der Liebe. Nur bei beherzter Feindesliebe, die den Kampf gegen Unrecht und Unterdrückung einschließt, geraten Fronten in Bewegung, wird Böses schließlich überwunden und werden aus Feinden versöhnte Partner. Die Feindesliebe, die Jesus von seinen Anhängern erwartet, ist also keine kriecherische, unterwürfige, sondern eine kämpferisch und zielstrebig auf Gerechtigkeit und Versöhnung hin arbeitende Liebe. Während unsere menschliche Logik meint, wir müssten Feinde besiegen ausschalten oder vernichten, rechnet Jesu Logik mit der Möglichkeit der Verständigung und Versöhnung.

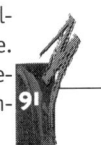

Das Vaterunser
Matthäus 6,5-15

Ein Gebet umspannt die Welt und verbindet Christinnen und Christen aus allen Kontinenten: Es ist das *Vaterunser*. Jesus hat es seine Jünger gelehrt; nach der Überlieferung des Matthäus in der Bergpredigt. Aus dem Beginn des Textes wird deutlich, dass Jesus die Gebetspraxis bzw. -haltung seiner Zeitgenossen sehr kritisch sieht: Oft genug muss das Gebet herhalten zur Demonstration der eigenen Frömmigkeit in der Öffentlichkeit; oft werden beim Beten allzu viele Worte gemacht, als müsse man die Erhörung seiner Gebete durch eigene Beredsamkeit sicherstellen. Demgegenüber empfiehlt Jesus, zum Beten einen Ort der Stille aufzusuchen und sich vertrauensvoll an Gott zu wenden – in der Zuversicht, dass Gott jeden persönlich kennt und darum weiß, was der Einzelne braucht. Als ein Beispiel für solch zuversichtliches Beten lehrt er die Jünger das Vaterunser, das gleich in mehrfacher Hinsicht revolutionär gegenüber der den Juden vertrauten Gebetspraxis ist:

1. Wir dürfen zu Gott *Vater* sagen: eine für die Ohren eines tiefreligiösen Juden unerhörte Anrede. Nicht die aufgrund seiner Erhabenheit und Majestät himmelweite Distanz Gottes soll das Gespräch des Menschen mit ihm bestimmen, sondern kindliches Vertrauen, das sich der liebenden Nähe des Vaters gewiss ist. Wir erinnern uns an das *Gleichnis vom verlorenen Sohn*, in dem Jesus uns Gott als liebenden Vater zeigt, der sehnsüchtig auf die Heimkehr seines verschollenen Sohnes wartet.

2. Kannte das Judentum sehr lange Gebete – das wichtigste jüdische Gebet umfasste insgesamt 18 Bitten, von denen jede etwa so lang war wie ein Vaterunser –, so kennzeichnet das Gebet Jesu eine auffallende Kürze. Und trotzdem ist in dieses Gebet alles mit eingeschlossen, was einen Menschen bewegt bzw. bewegen sollte: Die Bitte um das tägliche Brot ebenso wie das Verlangen nach Vergebung; die Sehnsucht nach Erlösung zugleich mit der Erwartung des Reiches Gottes.

3. Das Vaterunser kann man nur mit einem versöhnungsbereiten Herzen beten. Indem wir darum bitten, Gott möge uns unsere Schuld vergeben, wie *wir vergeben unseren Schuldigern*, können wir nur dann mit Gottes großzügiger Vergebung rechnen, wenn wir auch selbst andern ihre Schuld verzeihen.

Die Anhänger und Gegner Jesu

Vom ersten Augenblick seines öffentlichen Auftretens an scheiden sich an der Person Jesu und seiner Botschaft die Geister. Stoßen sich die einen an seiner Abstammung aus einfachen Verhältnissen, feiern ihn die andern wegen seiner Wunder als Zukunftshoffnung Israels und lassen ihn hochleben. Steht Jesus am Anfang der Bußbewegung Johannes des Täufers sehr nahe – er lässt sich sogar von Johannes im Jordan taufen –, so sammelt er schon bald eigene Jünger um sich und lehrt sie die Geheimnisse des Reiches Gottes.

Doch obwohl besonders der Jüngerkreis der Zwölf zwei, drei Jahre lang täglich mit Jesus zusammen ist und sein Reden und Handeln aus nächster Nähe miterlebt, bleibt ihnen der eigentliche Sinn der Sendung Jesu verborgen. Zwar erkennen die Apostel in ihm den schon von den Propheten Jahrhunderte zuvor verheißenen Messias. Doch sie missverstehen die Messianität Jesu, als sei er dazu berufen, Israel von der römischen Besatzungsmacht zu befreien. Erst nach der Auferstehung Jesu werden ihnen die Augen dafür geöffnet, dass Jesus gerade durch sein Leiden, Sterben und Auferstehen sein Volk – und darüber hinaus die ganze Welt – erlöste und in ihm die Verheißung vom leidenden Gottesknecht aus Jesaja 53 in Erfüllung ging.

Jesu Reden von dem bevorstehenden Leiden und gewaltsamen Tod ist auch der entscheidende Grund, warum sich schließlich ein großer Teil seiner Anhänger, die ihm zunächst zugejubelt hatten, enttäuscht wieder von ihm abwenden. Sie merken, dass sich Jesus ihren Vorstellungen und Erwartungen entzieht und sich weder als Wundertäter noch als Rebell vereinnahmen lässt.

Zu seinen schärfsten Gegnern jedoch zählen von Anfang an große Teile der Schriftgelehrten und Pharisäer, die theologische Elite im damaligen Israel. Sie nehmen dabei nicht nur Anstoß an der fehlenden theologischen Bildung des Wanderpredigers aus Nazareth. Vor allem empört sie, wie dieser einfache Zimmermannssohn für sich in Anspruch nimmt, in Gottes Namen den Menschen die Vergebung ihrer Schuld zuzusprechen: in ihren Augen eine Blasphemie, denn Sünden kann nur Gott allein vergeben. Wahrscheinlich haben gerade die entschiedensten Gegner am ehesten erfasst, wie Jesus seine Sendung als Gesalbter Gottes (hebr. Messias, griech. Christus) versteht. Doch weil sie dies nicht akzeptieren können und wollen, betreiben sie systematisch seine Verurteilung zum Tod.

58. Berufung der ersten Jünger
Johannes 1,35-51

Längst bevor Jesus mit ca. 30 Jahren in der breiten Öffentlichkeit wirksam wird, hatte der nur um ein halbes Jahr ältere Johannes der Täufer eine breite Bußbewegung im ganzen Volk ausgelöst. Zu Tausenden strömen die Menschen zu dem strengen Asketen in die Wüste, um sich als Zeichen radikaler Umkehr zu Gott von ihm taufen zu lassen. Verständlich, dass viele annehmen, dieser Johannes müsse der versprochene Messias sein – zumindest aber eine große Prophetengestalt. Doch Johannes weist all diese Spekulationen weit von sich. Er sieht sich als Vorläufer und Wegbereiter eines anderen. Und so kommt der Augenblick, wo er bei einer Begegnung mit Jesus das Geheimnis lüftet und gegenüber seinen eigenen Jüngern erklärt: *Siehe, das ist Gottes Lamm!* (Vers 36). Mit dieser Bemerkung trifft Johannes exakt die Bestimmung Jesu: Gott hat ihn dazu ausersehen, wie ein *Lamm, das zur Schlachtbank geführt wird,* zu leiden und auf diese Weise *der Welt Sünde zu tragen* (vgl. Vers 29; Jesaja 53,7). Die wenigen Worte genügen, um die beiden Johannes-Jünger neugierig auf Jesus zu machen. Ohne langes Zögern schließen sie sich ihm an, allerdings noch fragend und unsicher.

Interessant: Menschen lernen Jesus kennen, weil sie mitten im Alltag von andern auf ihn aufmerksam gemacht und zu ihm geführt werden. Warum geschieht das heute so selten in unserer westlichen Gesellschaft?

Doch schon bald folgt auf diese ersten tastenden Schritte des Mitgehens mit Jesus eine erstaunliche Kettenreaktion: Offenbar tief beeindruckt von der Begegnung mit Jesus lässt Andreas nicht locker, bis sein Bruder Simon bereit ist, mitzukommen und ebenfalls Jesus kennen zu lernen. Ähnlich verhält sich tags darauf Philippus, der seinem Freund Nathanael begeistert von Jesus erzählt. Doch der bleibt zunächst skeptisch: *Was kann aus Nazareth Gutes kommen?* (Vers 47). Philippus kann darauf nichts mehr antworten; es fehlen ihm die theologischen Argumente, um seinen Freund von Jesus überzeugen zu können. Doch er tut das einzig Richtige: Er lädt seinen Freund ein, sich in der persönlichen Begegnung ein eigenes Bild von Jesus zu machen. Und Nathanael kommt mit.

In der Begegnung mit Jesus wird der Skeptiker Nathanael überzeugt, als ihm deutlich wird, dass er längst von Jesus erkannt und durchschaut war, bevor er überhaupt seinen Namen gehört hatte. Wo aber Zweifel und Skepsis ihre Berechtigung verloren haben, wird der Weg frei zu ehrlicher Anbetung (Vers 49).

9. Aufgebrachte Gemeinde
Lukas 4,16-30

Interessant:
Manche fragen nach 2000 Jahren Christentum, wo und wie denn in Erfüllung gegangen ist, was Jesus damals im Anschluss an Jesaja 61,1.2 ankündigt. Mit welchem Recht kann Jesus von sich sagen, dass er der Bringer der messianischen Heilszeit ist?

Als Jesus auf seiner Wanderschaft durch Galiläa wieder einmal Station in seiner Heimatstadt Nazareth macht, besucht er am Sabbat den Synagogengottesdienst. Nach dem alten Bekenntnis, dem *Sch'ma Jisrael* (5. Mose 6; siehe oben Nr. 14), dem *Achtzehn-Bitten-Gebet* und der fortlaufenden Lesung aus der Thora (die fünf Bücher Mose) folgt im Synagogengottesdienst ein liturgisches Überraschungsmoment: Denn nun kann jeder erwachsene Mann aufstehen, nach vorne gehen, einen frei gewählten Abschnitt aus den Prophetenbüchern lesen und dazu einen Kommentar abgeben.

Diesmal ist es Jesus, der sich aus dem Schriftenbestand der Synagoge die Buchrolle des Propheten Jesaja reichen lässt. Jesus entrollt das Prophetenbuch und liest – von Gottes Geist geleitet – die Stelle aus Jesaja 61,1.2. Dieses Zitat trägt eindeutig messianischen Charakter, d.h. es redet von einem von Gottes Geist Gesalbten, der kommen wird, um den Armen, Gefangenen, Blinden und Zerschlagenen eine Zeit des Heils (*das Gnadenjahr des Herrn,* Vers 19) anzusagen. Wenn wir das Zitat bei Jesaja nachlesen, fällt etwas Überraschendes auf: Jesus hat das Zitat mitten im Satz abgebrochen, als er die Schriftrolle wieder zusammenlegt und zurückgibt. Der entscheidende Halbsatz, den er weglässt, lautet: ... *und einen Tag der Vergeltung unseres Gottes* (Jesaja 61,2).

Offenbar will Jesus damit sagen: Den Armen die frohe Botschaft zu bringen – dazu bin ich gekommen. Nicht aber, um die Rache Gottes zu predigen. Ich sehe mich nicht als Richter; ich komme als Heiland mit einer guten Botschaft. Ja, mehr noch: Ich bin bereit, das Gericht und den Zorn Gottes selbst auf mich zu nehmen.

Sind die Zuhörer in der Synagoge schon erstaunt über den freien Umgang Jesu mit dem prophetischen Wort, so sind sie erst recht entrüstet und entsetzt, als Jesus den verlesenen Text mit den Worten kommentiert: *Heute ist dieses Wort der Schrift erfüllt vor euren Ohren* (Vers 21). Heute, also mit Jesus, soll das verheißene *Gnadenjahr des Herrn* anbrechen? Wie kann sich Jesus anmaßen, der *Gesalbte* (= *Messias* bzw. *Christus*) zu sein, der den Armen und Geschundenen die Erlösung bringt?!

GO. Aussendung und Rückkehr der Jünger
Lukas 10,1-12.17-20

Viel Zeit hat Jesus darauf verwandt, Schüler um sich zu scharen, sie in den Geheimnissen des Reiches Gottes zu unterweisen und mit ihnen geschwisterlich zu teilen und in kindlichem Vertrauen abhängig von Gott zu leben. Dabei unterscheidet sich Jesus als Lehrer entscheidend von andern jüdischen Rabbinen: War es sonst selbstverständliche Sitte in Israel, dass sich junge Männer einen Rabbi aussuchten und sich ihm anschlossen, so war es bei Jesus genau umgekehrt: Er ging auf Menschen zu und forderte sie auf, ihm als Schüler zu folgen. War es für einen jüdischen Rabbi undenkbar, Frauen als Schülerinnen zu seinen Füßen sitzen zu haben, so hat Jesus auch Jüngerinnen gehabt, die er lehrte und die ihm nachfolgten (vgl. Lukas 10,38ff).

Interessant:
Hanns D. Hüsch bringt die Freude über das Geschenk der Erlösung in einem Lied so zum Ausdruck: „Ich bin vergnügt, erlöst, befreit, Gott nahm in seine Hände meine Zeit, mein Fühlen, Denken, Hören, Sagen, mein Triumphieren und Verzagen, das Elend und die Zärtlichkeit."

Im Unterschied zu anderen religiösen Gemeinschaften, die in der Abgeschiedenheit ein kommunitäres Leben mit strengen Regeln pflegen (wie z.B. die Essener in Qumran am Toten Meer), steht Jesus mit seinen Jüngern mitten im Leben, teilt den Alltag der Menschen und beteiligt sich an ihren Festen. Immer wieder sendet Jesus seine Jünger aus in die Dörfer und Städte Palästinas, um den Menschen die Nähe des Reiches Gottes anzusagen und sie mit dessen Frieden zu grüßen. Jesus lässt dabei keinen Zweifel, dass sie nicht überall freundliche Aufnahme finden werden. Sie werden auch Ablehnung erfahren – und auf diese Weise am Schicksal ihres Meisters teilhaben.

Doch bei der Rückkehr der Zweiundsiebzig herrscht großer Jubel und eitel Freude, als wäre der Besuchsdienst in den Dörfern und Städten eine einzige Erfolgsgeschichte gewesen. Besonders überwältigt sind die Jünger von der Erfahrung, dass Jesus ihnen sogar Vollmacht über Dämonen und finstere Mächte gab. Jesus dämpft die Überschwänglichkeit seiner Jünger, indem er ihre Freude auf eine verlässliche Grundlage stellt, die selbst Zeiten des Misserfolgs und Schmähungen überdauert: *Freut euch aber, daß eure Namen im Himmel geschrieben sind* (Vers 20).

Entscheidender als Leistung und Erfolg ist die Tatsache, dass wir für immer bei Gott gut angeschrieben sind.

1. Ernüchterte Fans
Johannes 6,60-69

In der Folge mancher Wundertaten wie spektakulärer Heilungen und überraschender „Volksspeisungen" wächst die Zahl der Bewunderer und Anhänger Jesu. Viele nennen sich stolz seine *Jünger* und identifizieren sich mit ihm. Doch dann wird eine öffentliche Predigt Jesu zum Skandal, an dem sich die Geister scheiden. Jesus redet von sich und seiner Sendung: *Ich bin das Brot des Lebens ... wer mein Fleisch ißt und trinkt mein Blut, der hat das ewige Leben* (Verse 48.54ff). Natürlich können die Zuhörer die Anspielung auf die Heilsbedeutung des späteren Todes Jesu und die daraus abgeleitete Praxis des christlichen Abendmahls noch gar nicht erahnen, geschweige denn verstehen. Dass sie darum von diesen Worten schockiert sind und sich enttäuscht von Jesus abwenden, verwundert darum nicht.

Allerdings macht die abrupte Abkehr der ernüchterten Fans von ihrem Idol Jesus nachdenklich: Warum kommt keiner von ihnen zu Jesus und befragt ihn nach dem Sinn seiner Worte? Wie kann Begeisterung so schnell in Ablehnung umschlagen? Erstaunlich, wie Jesus reagiert: Als am Ende nur noch der Jüngerkreis der Zwölf übrig bleibt, schwört er sie nicht auf unbedingte Treue ein und gibt auch keine Durchhalteparolen aus. Stattdessen fragt Jesus sie ganz einfach: *Wollt ihr auch weggehen?* (Vers 67).

Kein flammender Appell, keine Einschwörungsversuche, nur eine schlichte Frage. Aber eben darin zeigt sich die ganze Souveränität Jesu. Er hat es nicht nötig, mit Druck und Drohung zu arbeiten, um Menschen bei der Stange zu halten. Er kann freigeben, weil er möchte, dass Menschen ihm aus freien Stücken nachfolgen. Jesus wirbt um jeden – aber er will ein freiwilliges und kein erzwungenes Ja zu seiner Person. Mit seiner entwaffnend ehrlichen Antwort (Verse 68f) macht Petrus deutlich, dass es für ihn und die andern Elf gar keine Alternative mehr zum Weg der Nachfolge hinter Jesus her gibt. Sie haben sich mit ihrer ganzen Existenz ohne Wenn und Aber auf das Leben mit Jesus eingelassen und die Brücken zu ihrer alten Existenz abgebrochen. Und sie haben erkannt, dass Jesu Worte wahr und verlässlich sind.

G2. Pharisäer-Schelte
Lukas 11,37-54

Interessant: Steckt nicht in jedem Menschen ein Stück vom Pharisäer, der sich den Himmel durch eigene Leistung verdienen will?

Durch die Jahrhunderte hindurch werden die *Pharisäer und Schriftgelehrten* mit Abscheu und Empörung bestraft, gelten sie doch als verlogene Heuchler und Selbstgerechte. Nicht zuletzt deswegen und aufgrund ihrer erbitterten Feindschaft Jesus gegenüber geben sie den Anstoß zu einem durch zwei Jahrtausende wirksamen kirchlichen Antisemitismus. Zur Legitimierung solchen Antisemitismus wurden dabei auch immer wieder neutestamentliche Texte wie der oben angegebene herangezogen. Sagt Jesus darin nicht selber schon von den Pharisäern und Schriftgelehrten, dass *von diesem Geschlecht das Blut der Propheten gefordert werde* (Vers 50)? Doch wer Jesu harte Schelte über die Pharisäer und Schriftgelehrten als eine endgültige Verurteilung ihres gesamten Standes ansieht, hat ihn missverstanden. Schon der Beginn des Textes müsste ihn irritieren: Jesus nimmt ganz selbstverständlich die Einladung eines Pharisäers zum gemeinsamen Essen an. Er hat offensichtlich nicht die geringsten Berührungsängste und ist keineswegs auf Distanz bedacht.

Aus andern neutestamentlichen Texten wissen wir, dass es auch Pharisäer gab, die Jesus nahe standen wie z.B. Nikodemus oder die sich als Fürsprecher für die urchristliche Gemeinde einsetzten wie etwa Gamaliel. Und dass Jesus trotz seiner harten Worte nicht aufgehört hat, auch Pharisäer für sich zu gewinnen, beweist die erstaunliche Lebensgeschichte des Saulus von Tarsus. Jesus zieht diesen jungen Pharisäer, der die christliche Gemeinde leidenschaftlich bekämpft, auf seine Seite und macht ihn zum Völkermissionar. Dass Jesus in seiner Schelte gegen die Pharisäer so scharf ist, mag auch mit einer gewissen Nähe zumindest zu einem Teil von ihnen zusammenhängen: Es gibt unter ihnen viele, die von einer starken Messiaserwartung erfüllt sind und mit großem Einsatz volksmissionarisch tätig wurden. Sie unterweisen die einfachen Leute im jüdischen Gesetz und halten sie an, es mit seinen zahlreichen Einzelbestimmungen unbedingt zu befolgen. Denn – so ist ihre Überzeugung – würde Israel nur an einem einzigen Tag einmal das ganze Gesetz befolgen, so würde der Messias endlich kommen. Doch im Verfolgen ihrer Ziele legen sie den Menschen mit ihrer Gesetzesauslegung unerträgliche Lasten auf. Statt sich auf das Doppelgebot der Liebe zu konzentrieren, beschweren sie die Menschen mit allen möglichen äußerlichen Verordnungen und Vorschriften und lassen sich als fromme Elite (*Pharisäer = die Abgesonderten*) vom einfachen Volk feiern.

Jesus – Arzt für Leib und Seele

An Jesus scheiden sich bis heute die Geister. Doch selten trifft man auf Menschen, die ihn rundherum ablehnen oder für einen Scharlatan halten. Manche sehen in ihm den großen Menschenfreund, der sich besonders der Not der Armen und Unterdrückten annahm und ihr Leid beseitigte oder hinderte. Sie sind beeindruckt von seinen Taten und Wundern, aber können wenig mit seiner Botschaft vom Reich Gottes anfangen oder seiner Passion irgendeine Heilsbedeutung zuschreiben. Sie schätzen und würdigen seine Humanität, aber sie sehen in ihm allenfalls einen außergewöhnlichen Menschen. Andere wiederum bekennen sich zu Jesus als dem Sohn Gottes, der die religiöse Sehnsucht des Menschen nach ewigem Leben stillt und darum vor allem ein Garant dafür ist, dass Menschen Zugang zur himmlischen Welt finden. Demgegenüber scheinen ihnen die Taten und Wunder Jesu eher entbehrlich, ja vielleicht sogar suspekt. Jesus wird als Experte für den Himmel geschätzt; die Lösung irdischer Probleme erwarten sie nicht von ihm.

Doch Jesus ist beides: ganz Mensch und ganz Gott. Und darum berührt ihn nicht nur die verlorene Gottesbeziehung der Menschen, sondern ebenso ihr alltägliches Leid, ihre körperliche Behinderung oder ihre seelische Einsamkeit. Darum wird das eine nicht auf Kosten des andern verdrängt oder heruntergespielt. Wer hungrig ist, wird von Jesus nicht mit frommen Worten abgespeist, sondern wird satt gemacht. Wer ihn anfleht, er möge sich über sein krankes Kind erbarmen, wird nicht zum zuständigen Arzt geschickt, sondern bekommt, worum er bittet. Doch wer glaubt, er sei stark und könne selbstbewusst mit seinem Leben vor Gott gerade stehen, dem macht Jesus unmissverständlich klar: Auch du bleibst auf Gottes Erbarmen angewiesen.

Jesus sieht immer den ganzen Menschen. Es ist kein Blick, der seziert und analysiert – und am Ende den Menschen doch wieder sich selbst überlässt. Nein, es ist immer ein Blick voller Liebe, mit dem Jesus den Menschen ansieht. Nie legt dieser Blick den Menschen auf seine Bedürftigkeit fest: Wo Not ist, wird sie gewendet; wo Leid niederdrückt, wird es beseitigt. Gerade weil Jesus als Heiland die Menschen wieder mit Gott versöhnen will, greift er heilend und verändernd in ihr Leben ein: Heil und Heilung gehören bei ihm untrennbar zusammen; Worte und Taten bilden eine Einheit. Eben darin ist Jesus einzigartig – ein Arzt für Leib und Seele.

G3. Heil und Heilung
Markus 2,1-12

Es ist schon erstaunlich, was diese vier Männer unternehmen, nur damit ihr gelähmter Freund vielleicht doch noch eine Chance bekommt, wieder gesund zu werden. Sie tragen ihn zu Jesus, dem inzwischen der Ruf vorauseilt, wahre Wunder vollbringen zu können. Vielleicht auch an einem Gelähmten?! Doch ihre Hoffnung wird auf eine harte Probe gestellt. Denn das Haus, in dem Jesus sich aufhält, ist von einer großen Menschenmenge umlagert. Aber sie geben nicht auf. Irgendwie gelingt es den Männern, ihren kranken Freund auf das Dach des Hauses zu bugsieren. Und sie scheuen sich nicht, ein genügend großes Loch in das Lehmdach zu stechen und durch diese Öffnung hindurch den Kranken abzuseilen: Direkt vor die Füße Jesu und seiner verdutzten, wahrscheinlich sogar verärgerten Zuhörer. Und was macht Jesus? Er wendet sich dem Gelähmten zu und sagt ganz einfach: *Dir sind deine Sünden vergeben* (Vers 5).

Interessant:
Es ist der Glaube der Freunde (Vers 5), der die Wende zum Guten einleitet. Manche Menschen brauchen in ihrer Not Freunde, die für sie glauben und hoffen.

Dass in diesen Worten eine Gotteslästerung steckt, wie die dabeistehenden Schriftgelehrten empfinden, berührt uns eher seltsam. Wir fragen vielmehr: Was kann ein Gelähmter mit einem solchen Zuspruch anfangen? Sein Problem liegt doch nicht in der Sünde: Was kann schließlich ein Gelähmter schon viel sündigen?! Sein offensichtliches Problem ist doch seine Krankheit!

Doch während wir über die Worte Jesu innerlich mit dem Kopf schütteln und auch dem Dialog mit den Schriftgelehrten verständnislos folgen, wendet sich Jesus plötzlich wieder dem Kranken zu und sagt ihm: *Steh auf, nimm dein Bett und geh heim!* (Vers 11).

Nun geschieht also doch endlich, worauf wir schon längst mit den Freunden gehofft haben: Der Gelähmte wird gesund und kann – zum Entsetzen der Umherstehenden – plötzlich wieder laufen. Kam es nicht letztlich allein auf diese Heilung an? Nein, macht Jesus durch sein Verhalten klar: Was euch so leicht daher gesagt erscheint, das Wort von der Sündenvergebung, ist das Wichtigste. Denn die tiefste Not eines Menschen ist seine Entfremdung von Gott, auch wenn ihm dies oft nicht bewusst ist. Darum habe ich zuerst die Wurzel der Not des Gelähmten kuriert. Aber weil mir nicht nur sein ewiges Heil, sondern ebenso seine Heilung am Herzen liegt, habe ich ihn anschließend auch von seiner Lähmung geheilt.

4 Zaghafter Glaube
Markus 9,14-29

Manche Wundergeschichte des Neuen Testaments
erscheint uns fremd und sonderbar. So auch diese.
Denn dass da ein Junge von einem *sprachlosen Geist*
(Vers 17, vgl. auch Vers 25) besessen ist, also offenbar von
Dämonen heimgesucht wird, können wir als aufgeklärte Menschen nur schwer nachvollziehen. In unserer vernunftorientierten
Zeit ist für Geister- und Dämonenvorstellungen nur noch im Horror-
video Platz. Wer heute noch *Exorzismus* (= *Teufels- bzw. Geisteraus-
treibung*) praktiziert, wie Jesus es etwa getan hat, wird rasch der
Schwärmerei oder des Aberglaubens verdächtigt. Doch lassen sich
böse, Leben zerstörende Mächte nicht einfach wegrationalisieren.

Bis in unsere Tage hinein gibt es Phänomene von Besessenheit,
die sich weder pathologisch noch psychologisch erklären lassen.
Allerdings lassen Einzelheiten der von Markus erzählten Heilungs-
geschichte zu, die Krankheit des Jungen als schwere Form von Epi-
lepsie zu deuten: Immer wieder stürzt das Kind zu Boden, seine Glieder verkrampfen, Schaum tritt vor den Mund. Der Vater des Kindes
ist verzweifelt. Nichts lässt er unversucht, um irgendwie seinem
Sohn doch noch helfen zu können. Selbst die Jünger Jesu hat er
konsultiert, doch auch sie waren ohnmächtig gegenüber dem Leid
des Kindes. Schließlich wird der Junge – auf Jesu Aufforderung hin
– zu ihm gebracht. Wie persönlich Jesus sich jedem einzelnen Menschen zuwendet, macht auch diese Geschichte deutlich: Zunächst
interessiert sich Jesus für die Krankheitsgeschichte des Jungen und
lässt sich vom Vater dazu Einzelheiten erzählen. Durch eine Bemerkung des Vaters ausgelöst – *Wenn du aber etwas kannst ...* (Vers 22) –,
kommt Jesus auf dessen ganz persönliche Not zu sprechen: In seiner
Verzweiflung fällt es ihm immer schwerer, überhaupt noch an ein
Wunder zu glauben. Mit seiner Bemerkung *Alle Dinge sind möglich
dem, der da glaubt!* (Vers 23) rührt Jesus genau an diese seelische
Wunde des Mannes. Unvermittelt bricht es aus ihm heraus: *Ich
möchte ja glauben! Hilf mir, daß ich glauben kann!* (Vers 24).

Mit dem anschließenden Wunder vollbringt Jesus nicht nur die
Heilung an dem epileptischen Jungen. Zugleich heilt er dessen
Vater von seiner Verzweiflung und hilft ihm damit zum Glauben.
Wieder liegen in dieser Geschichte Heil und Heilung nahe beieinan-
der: Widerfährt dem Jungen Heilung von seiner schweren Krankheit,
so dem Vater Heil, weil er an Jesus glauben lernt.

Interessant:
Dass Wunder nicht auto-
matisch zum Glauben
führen, zeigt die Reaktion
der dabeistehenden
Menge: Als Jesus sein
machtvolles Wort
gesprochen hat,
glauben sie, der
Junge sei tot
(Vers 26).

101

65. Entschlossener Hilfeschrei
Markus 10,46-52

Interessant:

Ein Blinder sieht hier klarer, was ihm fehlt und wer ihm helfen kann als viele Sehende, die keinen Durchblick haben und deren Sinn verblendet ist.

Ein blinder Bettler am Wege: *Bartimäus* hat kein Augenlicht mehr. Aber dafür sind seine übrigen Sinne um so geschärfter für das, was um ihn herum geschieht. Dieser Mann kann zwar nicht sehen, aber ihm ist der Durchblick geschenkt, den Menschen brauchen, um ans Ziel zu kommen. Instinktiv spürt er, dass seine Stunde geschlagen hat, als Jesus mit großem Gefolge des Weges kommt. Und er ergreift seine Chance. Ohne einen Augenblick zu zögern, schreit er aus Leibeskräften und fleht Jesus um Hilfe an: *Jesus, du Sohn Davids, erbarme dich meiner!* (Vers 47). Da schreit einer, der sich nicht einfach stumm und ergeben mit seinem bitteren Schicksal abfinden will. Vielleicht weiß er nicht viel von Jesus, aber das Wenige reicht, um sich mit allen Fasern seiner Existenz an ihn zu klammern. Doch sein Hilferuf wird auf eine harte Geduldsprobe gestellt. Denn andere fühlen sich dadurch in ihrer Andacht gestört. Sie gehen dazwischen, um ihrem verehrten Meister den lästigen Krakeeler vom Hals zu halten. Bartimäus' Hilfeschrei stößt auf den geballten Widerstand der Jesus-Bewunderer. Doch er gibt nicht auf. Unbeirrt und hartnäckig bleibt er dran, lässt nicht locker: *Er aber schrie noch viel mehr: Jesus, du Sohn Davids, erbarme dich meiner!* (Vers 48).

Erst jetzt, nach dem erneuten Hilferuf, wendet sich Jesus Bartimäus zu und belohnt damit seine Hartnäckigkeit. Die Frage jedoch, die er dem Bettler stellt, erscheint überflüssig: Ist es nicht selbstverständlich, dass er von Jesus erwartet, wieder sehend zu werden? Warum dann diese Frage? Doch Jesus möchte, dass Menschen im entscheidenden Augenblick ihm ihr Vertrauen bekunden; ihm mit ihren eigenen Worten sagen, welches Wunder sie von ihm erwarten. Doch das ist nicht alles: *... und (er) folgte ihm nach auf dem Wege* (Vers 52). Es ist das einzige Mal im Markusevangelium, dass ein Geheilter Jesus nachfolgt. In vieler Hinsicht ist der blinde *Bartimäus* ein Vorbild im Glauben: Im Ergreifen seiner Chance; im entschlossenen Schrei nach Hilfe; in der Hartnäckigkeit, bei Jesus nicht locker zu lassen. Und schließlich: im Wagnis des Glaubens, der alles von Jesus erwartet und ihm dankbar nachfolgt.

66. Heil für Zachäus
Lukas 19,1-10

Interessant:
Jesus hat es immer auf die abgesehen, die verloren (Vers 10) sind – egal, ob diese Verlorenheit äußerlich erkennbar ist oder nicht. Bei Zachäus war sie es sicher nicht.

Zachäus hat es eigentlich im Leben zu etwas gebracht. Mit Hilfe der römischen Besatzungsmacht ist er Zolleinnehmer in Jericho; ja sogar Pächter der Zollstation. Er verdient eine Menge Geld und kann sich leisten, wovon andere nicht einmal träumen. Nach menschlichem Ermessen hat er für die Zukunft ausgesorgt. Doch Wohlstand, Karriere und Erfolg haben einen Haken. Denn sie sind mit dem Verrat am eigenen Volk und mit Betrug erkauft. Zachäus ist ein Kollaborateur, der mit den verhassten Römern unter einer Decke steckt. Und er nimmt den Leuten erkleckliche Summen als Zoll ab, von denen er nur einen Bruchteil an die Römer abführen muss. Schließlich will er ja auch gut leben. Wir wissen nicht, was Zachäus bewegt, sich eines Tages für Jesus zu interessieren. *Er begehrte Jesus zu sehen, wer er wäre* (Vers 3), so lesen wir ganz lapidar im Bibeltext und können nur rätseln: Ist es reine Neugier? Ist er trotz allen Wohlstands innerlich doch unglücklich? Oder plagt ihn das schlechte Gewissen? Wir wissen es nicht. Immerhin ist der Wunsch, Jesus einmal aus nächster Nähe zu sehen, so stark, dass Zachäus sogar auf einen Baum klettert. Denn wegen seiner geringen Körpergröße hätte er bei der Menge am Straßenrand sonst keine Chance auf einen einigermaßen freien Blick. Doch dann ergreift Jesus die Initiative. Als wären ihm all die vielen Hundert von Menschen am Straßenrand in diesem Moment gleichgültig, bleibt er plötzlich stehen, wendet sich dem kleinen Mann auf dem Maulbeerbaum zu und ruft: *Zachäus, steig eilend herunter, ich muß heute in deinem Haus einkehren* (Vers 5). Verständlich, dass diese Worte bei den Umstehenden wenig Verständnis finden: „Unmöglich! Wie kann Jesus nur so einem stadtbekannten Gauner und Vaterlandsverräter die Ehre geben!" Was Jesus mit Zachäus in dessen Hause beredet hat, wird uns nicht überliefert. Wohl aber die Folgen dieser Begegnung. Jesus sagt es ganz schlicht so: *Heute ist diesem Hause Heil widerfahren* (Vers 9), und Zachäus bekennt, dass er durch diese Begegnung sein Leben grundlegend ändern will. Bis in die Fragen des Umgangs mit Geld und Besitz gehen die Konsequenzen dieser Begegnung. Mit einem Mal kann Zachäus großzügig abgeben und auch seine betrügerischen Geschäfte in Ordnung bringen. Wem Heil widerfahren ist, der kann nicht länger mit heillosen Verhältnissen und Beziehungen leben. Die Dankbarkeit für das von Jesus geschenkte Heil führt zu einem Leben mit neuen Maßstäben.

Jesus – Gottessohn und Messias

Das Wort des Propheten Nathan an König David über seinen Nachwuchs Ich will seinen Königsthron bestätigen ewiglich; ich will sein Vater sein und er soll mein Sohn sein *(2. Samuel 7,13f; siehe oben Nr. 21) prägt die Hoffnung Israels durch Jahrhunderte hindurch. Wird es zunächst so verstanden, dass immer wieder ein Spross aus der Dynastie Davids auf Israels Königsthron sitzen werde, von Gott als Sohn anerkannt, so ändert sich dies, als die davidische Linie abbricht, die staatliche Selbständigkeit Israels zerschlagen und das Volk nach Babylon weggeführt wird. Doch Israel begräbt seine Hoffnung auf eine neue Heilszeit nicht: Die Erwartung, dass Gott einst einen neuen Sohn Davids schenken würde, der dann endgültig und in wunderbarer Weise als von Gott anerkannter Sohn den Thron Israels besteigen und die entscheidende Wende heraufführen würde, bleibt im Volk lebendig.*

Die Tatsache, dass Jesus aus davidischer Familie stammt, muss schon früh solche Hoffnungen aufleben lassen. Doch dann enttäuscht Jesus die Erwartungen auf eine nationale Wiedergeburt Israels. Weder vertreibt er die verhassten Römer aus dem Land, noch besteigt er den Thron Davids. Im Gegenteil: Auf Initiative einflussreicher jüdischer Kreise wird Jesus von den Römern gefangen genommen und gekreuzigt. Ist er gescheitert? Waren die auf ihm ruhenden Hoffnungen eine Täuschung?

Jesus selbst erhebt als Nachkomme Davids nie den Anspruch auf politische Herrschaft. Er lehnt zwar die ihm von andern – insbesondere seinen Jüngern – zuerkannten Hoheitstitel wie Gottessohn oder Messias (bzw. Christus = der Gesalbte) nicht ab, aber er differenziert sie immer wieder mit dem Hinweis auf die Notwendigkeit seines Leidens und Sterbens.

So werden selbst seinen engsten Anhängern erst im Nachhinein, d.h. nach seiner Auferstehung – die Augen für die Sendung Jesu geöffnet: dass Israel nicht durch einen politischen Siegeszug des Messias erlöst wird, sondern durch das Leiden des Gottessohnes, der als Gerechter selbst den Verbrechertod auf sich nimmt. Zugleich erkennen sie: Dass Jesus tatsächlich Gottes Sohn ist, wird durch seine Auferstehung und Erhöhung zur Rechten Gottes (Himmelfahrt) bestätigt. Als solcher wird er einmal in Macht und Herrlichkeit nicht nur für sein Volk, sondern für die ganze Welt wiederkommen.

7. Meinungsbefragung über Jesus
Markus 8,27-33

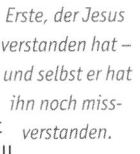

Interessant:
Petrus war der
Erste, der Jesus
verstanden hat –
und selbst er hat
ihn noch miss-
verstanden.

Schon einige Zeit ist Jesus in Galiläa unterwegs, predigt, führt Streitgespräche mit den Pharisäern, heilt Kranke und beruft Jünger. Längst ist sein Name weit über seine engere Heimat bekannt und finden seine Worte und Taten großen Widerhall im Volk. So überrascht es darum nicht, dass Jesus eines Tages bei einer Reise durch den Norden Galiläas – *die Dörfer bei Cäsarea Philippi* (Vers 27) – seine Jünger nach der Meinung der Leute über ihn befragt. Sie haben offensichtlich ihr Ohr am Mund des Volkes und geben gleich Rapport. An ihren Antworten fällt auf, dass Jesus sich im Volk einer großen Wertschätzung erfreuen kann. Von Ablehnung oder Geringschätzung keine Spur. Oder ob seine Jünger solche Bemerkungen aus Höflichkeit Jesus gegenüber verschweigen? Wir wissen es nicht. Dass manche in Jesus einen neuen Johannes den Täufer sehen, der von König Herodes kurz zuvor aus einer Weinlaune heraus hingerichtet wurde, mag überraschen. Vermutlich hoffen manche Zeitgenossen, dass Jesus den Auftrag des Johannes fortsetzt und sich mit den Mächtigen furchtlos anlegt. Andere sehen in Jesus den wiederkehrenden Elia (vgl. oben Nr. 27 und 28), der als Vorbote des letzten großen Gerichtstages am Ende noch einmal das Volk zu Gott und die Generationen zueinander bekehrt. Wieder andere wollen in ihrer Meinung über Jesus auf Nummer sicher gehen und tippen darauf, Jesus sei ein Prophet.

Überaus positive Meinungsäußerungen – doch treffen sie das Selbstverständnis Jesu? Als sich Jesus persönlich an seine Jünger wendet, bekommt er von Petrus die Antwort: *Du bist der Christus!* (= Gesalbter; hebr. Messias, Vers 29). Genau! Die Antwort ist richtig. Doch welche Vorstellung verbindet Petrus mit dem Bekenntnis zu Jesus als Messias? Die Fortsetzung der Geschichte zeigt: Jedenfalls keine, die mit Leiden, Verwerfung und Tod in Zusammenhang steht. Einen leidenden Messias kann Petrus sich nicht vorstellen. Es muss ein starker, mächtiger König wie einst David sein, der Israel seine nationale Souveränität zurückgeben und das Reich neu begründen wird. Doch Jesus reagiert mit äußerster Härte auf den Einspruch seines Jüngers. Er kann in dessen politischen Messiasträumen nur die Stimme des Versuchers hören. Er weiß, dass ihm als Messias der Weg des Leidens (Jesaja 53, siehe oben Nr. 40.) vorbestimmt ist.

Interessant:

*In einem alten Kir-
chenlied heißt es:
„Unser Wissen und Ver-
stand sind mit Finsternis
umhüllet, wo nicht dei-
nes Geistes Hand uns mit
hellem Licht erfüllet." –
Menschliche Aufklärung
ersetzt nicht göttli-
che Erleuchtung.*

G8. Jesus – das Licht der Welt
Johannes 8,12-20

Im Unterschied zu den ersten drei Evangelien zeichnet sich das Johannesevangelium durch die ausführliche Wiedergabe der Reden Jesu aus. In diesen Reden entfaltet Jesus – meist in Konfrontation zu seinen Zuhörern – die Bedeutung seiner ihm von Gott zuteil gewordenen Berufung. Ein besonderes Merkmal der johanneischen Reden Jesu sind die so genannten *Ich bin ...*-Worte, in denen Jesus in bildhafter, einprägsamer Weise deutlich macht, warum Gott ihn zum Heil in die Welt gesandt hat. So bezeichnet sich Jesus u.a. als *Brot des Lebens* (Johannes 6,35), als *guten Hirten* (Johannes 10,11) und als *Weinstock* (Johannes 15,5).

Das in unserem Text wiedergegebene Ich bin-Wort (Vers 12) hat Jesus nach der Überlieferung des Johannes bei einem Besuch in Jerusalem anlässlich der Feier des Laubhüttenfestes (Johannes 7,2.14) gesprochen. Das Laubhüttenfest ist das fröhlichste, ausgelassenste Fest der Juden: Sie feiern es in Erinnerung an den wunderbaren Auszug aus Ägypten (siehe oben Nr. 9). Höhepunkt des Festes ist es jedes Mal, wenn für kurze Zeit das nächtliche Jerusalem – und besonders der Tempel – durch Tausende von Fackeln und Öllampen in ungewohntes Licht getaucht wird. Mitten in dieser ausgelassenen Festtagsstimmung tritt Jesus am Tempelplatz auf und ruft den Feiernden zu: *Ich bin das Licht der Welt. Wer mir nachfolgt, der wird nicht wandeln in der Finsternis, sondern wird das Licht des Lebens haben*. Der Satz ist eine einzige Provokation: Mitten in die Freude und den Stolz über das von Menschen selbst geschaffene, fantastische Licht behauptet Jesus, er allein sei das Licht der Welt. Wer ohne ihn lebe, der bleibe in ewiger Finsternis. Verständlich, dass eine solche Aussage nicht ohne Widerspruch bleibt. Die Pharisäer, stolz auf ihre theologischen Erkenntnisse, halten im Bewusstsein, zur geistlichen Elite in Israel zu gehören, voll dagegen: Was der sagt, ist *nicht wahr* (Vers 13). So steht wieder einmal Behauptung gegen Behauptung. Doch was meint Jesus, wenn er sich als das *Licht der Welt* anbietet? Es ist wohl ein Dreifaches: 1. Im Licht der Wahrheit, die Jesus verkündet, wird Menschen schmerzhaft der Irrtum ihres bisherigen Lebens bewusst – und das tut weh. 2. Im Licht Jesu erkennen Menschen, wozu sie von Gott bestimmt sind. Das Licht sorgt für Klarheit und hilft zur Orientierung. 3. Im Lichte Jesu wissen Menschen sich gehalten und geborgen. Licht verbreitet immer auch Wärme.

Jesus – eine Karriere nach unten
Markus 10,35-45

Interessant:

Vom Essener Evangelisten und Jugendpfarrer Wilhelm Busch stammt das drastische Wort: „Ein Christ wächst wie ein Kuhschwanz – nämlich nach unten."

Das ist wirklich ein auffälliges Kontrastprogramm: Während Jesus seinen Jüngern gegenüber immer wieder von der Notwendigkeit seines Leidens und Sterbens spricht, haben diese unterwegs nur die „Flausen" von Ansehen, Macht und Karriere im Kopf. Mehr als die Nachfolge Jesu beschäftigt sie die eigene Rangfolge. Wer spielt die wichtigste Rolle? Besonders die beiden Jünger Jakobus und Johannes wollen für die Zukunft vorsorgen und sich Macht und Einfluss in Gottes vollendetem Reich sichern. Dabei gehen sie ganz geschickt vor. Wie Kinder, die auf raffinierte Weise vorab das Ja-Wort ihrer Eltern erbetteln, wollen sie Jesus die Erfüllung ihres Wunsches abtrotzen, bevor sie ihn überhaupt ausgesprochen haben.

Jesus stellt ihnen zunächst eine Testfrage: *Könnt ihr den Kelch trinken, den ich trinke?* (Vers 38). D.h. „Seid ihr überhaupt in der Lage, wie ich um des Reiches Gottes willen zu leiden?" Die von Jakobus und Johannes in überraschender Selbstsicherheit gegebene Antwort stellt Jesus nicht infrage. Aber er macht klar: Es steht mir nicht zu, die Ehrenplätze im Reich Gottes zu verteilen. Verständlich, dass die übrigen Jünger über die Vorgehensweise der beiden verärgert sind, auch wenn sie selbst kurz vorher noch mit darüber gestritten haben, wer von ihnen wohl der *Größte wäre* (vgl. Markus 9,33f).

Für Jesus ist dies der Anlass zu einer erneuten Lektion an seine Jünger. Er macht ihnen klar, dass sich das Zusammenleben derer, die ihm nachfolgen, grundlegend von allen sonstigen menschlichen Gesellschaftsformen unterscheiden soll. Ist dies durch hierarchische Strukturen und ein klares Machtgefüge bzw. -gefälle charakterisiert, so sollen unter den Nachfolgern Jesu Dienstbereitschaft statt Machtstreben das entscheidende Kriterium sein. Es wird damit eine andere Blickrichtung vorgegeben: Weg vom Blick nach oben, d.h. den höheren Sprossen auf der Karriereleiter, hin zu denen ganz unten, den Gestrauchelten und Bedrängten, die menschliche Zuwendung und Hilfe brauchen.

Jesus selbst lebt es vor. Er verzichtet freiwillig auf alle Attribute seiner Göttlichkeit und wird Diener aller Menschen bis hin zum Einsatz seines Lebens am Kreuz. Seine Karriere geht steil nach unten: Vom Gottessohn zum Geschmähten zwischen zwei Verbrechern am Kreuz. Doch eben dadurch wird er zum Erlöser aller Menschen.

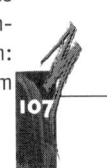

70. Jesus – der zum Tode verurteilte Richter
Markus 14,53-65

Als mit Jesus vor dem Hohen Rat, der obersten jüdischen Religionsbehörde, kurzer Prozess gemacht wird und widersprüchliche Zeugenaussagen für ein Todesurteil nicht verwertet werden können, wendet sich der Hohepriester direkt an Jesus: *Bist du der Christus, der Sohn des Hochgelobten?* (Vers 61). Es ist klar: Wird Jesus die Frage nach seiner Messianität und Gottessohnschaft bejahen, dann hat er sich damit das Todesurteil gesprochen. Doch Jesus bejaht nicht nur die Frage des Hohenpriesters, er geht sogar noch einen Schritt weiter: *Ihr werdet sehen den Menschensohn sitzen zur Rechten der Kraft und kommen mit den Wolken des Himmels* (Vers 62). Hat Jesus sich nach der Überlieferung der Evangelien in seinen eigenen Aussagen nie selbst als Christus bzw. Messias bezeichnet, so redet er häufig von sich als *Menschensohn.* Diese Bezeichnung ist ein aus der spätjüdischen Apokalyptik stammender Hoheitstitel (vgl. Daniel 7,13). Die Aussagen Jesu über sich als dem Menschensohn stehen dabei in einer auffallenden Spannung: Einerseits lebt der Menschensohn armselig und verachtet auf Erden und wird schließlich von den Menschen verworfen und getötet (vgl. z.B. Matthäus 8,20; Markus 9,31). Andererseits wird der Menschensohn im letzten Gericht seinen Widersachern entgegentreten und als Richter das Urteil über sie sprechen (Lukas 12,8f).

Wenn Jesus sich selbst als Menschensohn bezeichnet, dann gibt er damit zu erkennen, dass seine Mission sich mit der Niedrigkeit seines irdischen Lebens und seinem schmählichen Tod zum Heil der Menschen nicht erschöpft. Als der von Menschen Abgelehnte und Hingerichtete wird er zugleich der sein, der bei seiner machtvollen Wiederkunft *mit den Wolken des Himmels* die Völker der Erde richten wird (siehe unten Nr. 95). Der jetzt von irdischen Richtern Verurteilte ist zugleich der kommende Richter, vor dem sich einmal alle Menschen beugen müssen.

Interessant:
„Jeder wird eingeladen, sich zu fragen, wer der ist, der als Menschensohn seinen Dienst in Niedrigkeit tut, verworfen und getötet wird und an dem sich doch Gottes Gericht einmal entscheiden wird, weil das Ja oder Nein zu seinem Tun und seiner Verkündigung heute einst vor Gottes Thron gegenwärtig sein wird, wenn das letzte Wort über das Leben der Menschen gesprochen wird", meinte der Neutestamentler Eduard Schweizer.

Die Passion Jesu als Mitte des Evangeliums

Zweifellos ist der Kern der neutestamentlichen Botschaft die Erzählung vom Leiden, Sterben und Auferstehen Jesu. Der Theologe Martin Kähler hat darum treffend festgestellt: „Die Evangelien sind im Grunde Passionsgeschichten mit ausführlicher Einleitung." Das mag übertrieben erscheinen, wenn man bedenkt, dass die im Zusammenhang erzählte Passionsgeschichte mit seinen allenfalls zwei bis drei Kapiteln vom Umfang her nur einen Bruchteil der Evangelien ausmacht. Und doch hat die Bemerkung Martin Kählers ihr volles Recht: Denn von Anfang an zielt alles auf den Leidensweg Jesu, seine Kreuzigung und Auferstehung. Schon über der Krippe in Bethlehem wird das Kreuz sichtbar, als Herodes dem gerade geborenen Jesus bereits nach dem Leben trachtet (siehe den Kindermord des Herodes; Matthäus 2,13-18). Und bei seinem ersten öffentlichen Auftritt in der Synagoge seiner Heimatstadt Nazareth erregt Jesus so starken Anstoß, dass man ihn beinahe getötet hätte (siehe oben Nr. 59; Lukas 4,29).

Während der Wanderjahre mit seinen Jüngern redet Jesus häufig von seinem bevorstehenden Leiden und Sterben, auch wenn dies seine eigenen Anhänger immer wieder mit Widerwillen quittieren (siehe oben Nr. 67; Markus 8,31f). So sind alle Evangelien von Anfang an durchzogen von dem Gedanken an die unausweichliche Passion Jesu. Der Apostel Paulus bringt es später auf den Punkt, als er das Evangelium von Jesus Christus als das Wort vom Kreuz (1. Korinther 1,18) bezeichnet und ihm alle sonstigen Worte und Taten Jesu nebensächlich erscheinen gegenüber diesem einzigartigen Ereignis seiner Kreuzigung. An die Gemeinde in Korinth schreibt er: Denn ich hielt es für richtig, unter euch nichts zu wissen als allein Jesus Christus, den Gekreuzigten (1. Korinther 2,2).

Doch was ist das Besondere, Einzigartige an diesem Leiden und Sterben Jesu, dass es die Mitte der gesamten neutestamentlichen Botschaft ausmacht? Das Geheimnis dieses Geschehens besteht in den zwei kleinen Worten für uns (siehe oben Nr. 69; Markus 10,45). An unserer Stelle, zu unseren Gunsten ist Jesus den Weg des Leidens bis ans Kreuz gegangen. Um unsretwillen nahm er den Verbrechertod auf sich, um uns aus der Gottesferne zu erlösen und uns in die Gemeinschaft mit Gott als unserm himmlischen Vater hineinzunehmen. Verstanden hat man den Tod Jesu nur dann richtig, wenn man unter dem Kreuz erkennt: Hier geht es auch um mein eigenes Leben, meine Zukunft.

71. Das Abendmahl
Markus 14,12-25

Interessant:

Guter Tradition folgend hat sich Jesus mit seinen Jüngern auf den Weg nach Jerusalem gemacht, um dort mit vielen Tausenden anderer Festpilger das Passafest zu feiern. Bis in unsere Gegenwart ist Passa (bzw. Pessach) das bedeutsamste Fest im jüdischen Festkalender. Es wird gefeiert zur Erinnerung an die wunderbare Befreiung der Israeliten aus der ägyptischen Sklaverei, als das an die Türpfosten gestrichene Blut eines Lammes sie vor dem Strafgericht Gottes bewahrte. Vollzogen wurde dieses Gericht dann an den Unterdrückern (nachzulesen in 2. Mose 12). Das geschlachtete Passalamm am Vorabend des Festes soll die Erinnerung an dieses Urdatum der Heilsgeschichte Israels lebendig halten. Auch für die Jünger ist es wichtig, das Passamahl gut vorzubereiten, zumal es in der übervölkerten Stadt nicht leicht ist, einen geeigneten Raum für die Feier zu finden. Doch Jesus hat offenbar auf geheimnisvolle Weise gut vorgesorgt. So kann das abendliche Mahl beginnen. Doch mitten in die feierliche Stimmung schockiert Jesus seine Jünger mit der Bemerkung, dass ihn einer aus der vertrauten Runde verraten werde. Niemand weist diese ungeheuerliche Aussage empört von sich. Die besorgte Rückfrage *Bin ich's?* (Vers 19) verdeutlicht: Jeder weiß um der Abgründe seines eigenen Herzens, aus denen ein solcher Verrat kommen könnte.

Weil sich keiner der Jünger davon freispricht, zum Verräter Jesu werden zu können, war es nötig, dass Jesus für alle sein Blut vergoss. Wer sich dagegen für selbstgerecht hält, wird die Abendmahlsworte Jesu für unsinnig halten.

Als Jesus anschließend das Brot teilt und er ebenso den Becher mit Wein wie ein Hausvater unter den Jüngern kreisen lässt, gibt er dem altvertrauten Ritus einen völlig neuen Sinn: Er selbst ist das Passalamm, das geopfert wird; es ist sein Blut, das er vergießt *für viele*, damit sie Befreiung erfahren. Und so wird Jesus zum Stifter eines *neuen Bundes*. Auch wenn Jesus in unserem Text nicht ausdrücklich befiehlt, in Zukunft das Passafest nur noch mit dieser neuen Deutung zu feiern, so hat ihn die urchristliche Gemeinde doch so verstanden (vgl. 1. Korinther 11,23-25) – und damit zugleich eine entscheidende Trennung vom jüdischen Kult vollzogen. Mit der Feier des Abendmahls bekennt sich die christliche Gemeinde bis heute zur Heilsbedeutung des Sterbens Jesu und dazu, dass in seinem Blut die Grundlage für den *neuen Bund* Gottes mit den Menschen (nicht nur jüdischen!) gelegt wurde.

22 Seht, welch ein Mensch!
Johannes 19,1-5

Es kam, wie Jesus es beim letzten Passamahl mit seinen Jüngern vorausgesagt hat: Einer aus dem Kreis seiner engsten Vertrauten würde ihn verraten und ans Messer liefern. Es ist Judas. Über die Motive seines Verrats ist immer wieder spekuliert worden. Man hat ihm Geldgier und Geltungsdrang unterstellt. Vielleicht ist es aber auch der verzweifelte Versuch gewesen, Jesus durch diesen Verrat zu nötigen, endlich vor den irdischen Herrschern seine himmlische Macht und Herrlichkeit unter Beweis zu stellen. Aber hatte Jesus nicht immer wieder klar und eindringlich davon geredet, dass er den Weg des Leidens gehen müsse und darum jede an ihn gerichtete politische Messiaserwartung strikt zurückgewiesen? Als ob es um die Verhaftung eines Schwerverbrechers geht, wird Jesus in der Nacht von einer römischen Kohorte gefangen genommen und zum Verhör vor den Hohen Rat gebracht. Die Sache eilt. Denn soll das Urteil noch vor Beginn der Passa-Festwoche gesprochen und vollstreckt werden, muss kurzer Prozess gemacht werden. Doch dummerweise darf der Hohe Rat nicht in eigener Vollmacht Todesurteile fällen und vollstrecken. Er muss dazu das Plazet des Repräsentanten der römischen Besatzungsmacht einholen. So wird Jesus am frühen Morgen vor den Statthalter Pilatus gebracht. Der hat zunächst wenig Neigung, Jesus zu verurteilen, weil er ihn für unschuldig hält. Schließlich lässt er sich durch die aufgehetzte Volksmenge doch noch umstimmen und liefert ihn den Schlägen und dem Spott seiner Soldateska aus.

Seht, welch ein Mensch! (Vers 5). In dem Geschmähten und Verspotteten erkennen wir zunächst den zu Unrecht Leidenden; den, der am Kreuz für die Vielen schreit, die bis zum heutigen Tage unter Unrecht und Unterdrückung leiden und sich nach Befreiung und Gerechtigkeit sehnen. Und doch ist damit noch nicht alles gesagt. Denn dieser Eine, der da vor Pilatus verspottet und verhöhnt wird, ist zugleich der von Gott für uns Gerichtete. Der eigentliche Akteur in diesem Geschehen ist weder der Hohe Rat noch Pilatus: Es ist Gott selbst. Er hat den Weg der Passion Jesu vorherbestimmt. Und Jesus geht diesen Weg – nicht als ohnmächtiges Opfer menschlicher Niedertracht, sondern aus freiem Entschluss im Gehorsam seinem himmlischen Vater gegenüber. Er geht ihn für uns.

73. Es ist vollbracht!
Johannes 19,17-37

Nachdem Pilatus dem Drängen des Hohen Rats und der Stimmungsmache des aufgehetzten Mobs gegen Jesus nachgegeben und das Todesurteil bestätigt hat, geht alles sehr schnell. Jesus wird auf einen Platz außerhalb der Jerusalemer Stadtmauern – genannt *Golgatha* (Schädelstätte) – geführt. Archäologen haben herausgefunden, dass dieser Ort von den Bürgern Jerusalems zugleich als Müllhalde genutzt wurde: Wie lästiger Unrat wird Jesus auf der Müllkippe vor den Toren der Stadt wie ein Verbrecher „entsorgt" und zwischen zwei Bösewichten gekreuzigt. Seitdem das Kreuz zum ehrwürdigen christlichen Symbol geworden ist und es sogar als chic gilt, Kreuze als Schmuckstück zu tragen, wird allzu leicht die mit dem Kreuz verbundene grausame Wirklichkeit übersehen bzw. verdrängt. Denn das Kreuz steht in der Antike für die grausamste aller Hinrichtungsarten.

Kein römischer Bürger durfte selbst bei schlimmsten Verbrechen auf derartig grausame Weise zu Tode gemartert werden. Doch bei den Bürgern unterdrückter Völker und bei Sklaven nahm man es nicht so genau, auch wenn sich der berühmte Philosoph und Staatsmann Cicero vehement gegen die Hinrichtungsart der Kreuzigung aussprach. Seiner Auffassung nach war diese Art des qualvollen Sterbens für den römischen Staat einfach unwürdig. Es half nichts. Jesus wird nackt mit ausgestreckten Armen ans Kreuz genagelt. Während die zur Bewachung abkommandierten römischen Soldaten sich die Zeit mit Würfelspiel und Verlosung der Kleider des Gekreuzigten vertreiben, findet Jesus trotz wahnsinniger Schmerzen und Qualen noch die Kraft, sich um seine Mutter und den *Jünger, den er (besonders) lieb hatte* (Vers 26) – gemeint ist wohl Johannes – zu kümmern. Nach sechsstündigem Todeskampf (vgl. Markus 15,25.34.37) stirbt Jesus mit den Worten: *Es ist vollbracht!* (Vers 30). Um ganz sicher zu gehen, dass ihr Delinquent nun auch wirklich tot ist, stoßen ihm die Soldaten mit dem Speer durch die Brust. Nun können sie endlich Feierabend machen.

Es ist wohl das unbegreiflichste Paradoxon der Weltgeschichte, dass in dem qualvollen Verbrechertod Jesu das Heil einer ganzen Welt beschlossen sein soll. Aber genau das ist seit 2000 Jahren die Botschaft der christlichen Kirche: Jesus starb, damit wir Menschen im Frieden mit Gott leben können. So wie er sich am Kreuz noch um seine nächsten Angehörigen und Freunde gekümmert hat, so sind alle Menschen in seine hingabebereite Liebe und Fürsorge mit eingeschlossen.

74 Er ist tatsächlich auferstanden!
Lukas 24,13-35

Interessant:
Was die beiden Männer erfahren haben, können sie nicht für sich behalten. Sie kehren nun zurück nach Jerusalem, um andern von ihrer Begegnung zu erzählen. Der Glaube an den Auferstandenen führt notwendig in die Gemeinde.

Die Geschichte der beiden Jünger, die nach Emmaus unterwegs sind, zeigt: Nicht einmal die engsten Anhänger Jesu rechnen mit seiner Auferstehung. Niedergeschlagen und traurig kehren die beiden Männer an ihren Heimatort zurück. Ihre Hoffnung, dass Jesus der lang erwartete Messias sei, der sein Volk erlösen würde, haben sie längst begraben. Selbst die Nachricht einiger Frauen, die das Grab Jesu leer gefunden haben, und sogar die wunderbare Erscheinung von Engeln mit der Botschaft, Jesus lebe, können sie nicht umstimmen. Der Tod Jesu am Kreuz bleibt für sie das bittere Zerbrechen einer großen Hoffnung. Doch während die Männer traurig ihres Weges ziehen, gesellt sich unerkannt der Auferstandene als Wanderer zu ihnen. *Aber ihre Augen wurden gehalten, daß sie ihn nicht erkannten* (Vers 16).

oben: Das traditionelle „Gartengrab" in Jerusalem.

Warum erkennen sie ihn nicht gleich? Offensichtlich ist Jesus nicht einfach dinghaft-materiell nach seiner Auferstehung in unsere Welt zurückgekehrt. Seine Auferstehung hat ihn in die neue Dimension der Unsterblichkeit hineingeführt: Nun unterliegt er nicht mehr den Bedingungen von Raum und Zeit. Nur so ist es zu erklären, dass zwischen dem irdischen und dem auferstandenen Jesus eine eigentümliche Beziehung der Identität einerseits – und der Diskontinuität andererseits besteht. Erst erkennen ihn die Jünger nicht, obwohl er mit ihnen unterwegs ist und mit ihnen redet. Doch dann werden plötzlich *ihre Augen geöffnet* (Vers 31), als sie Jesus an der Geste des Brotbrechens wiedererkennen. Doch warum gibt sich Jesus auf dem Wege nicht gleich zu erkennen? Warum dieser lange Umweg, indem er bei Mose anfangend ihnen die alttestamentlichen Schriften im Blick auf ihre messianischen Verheißungen auslegt? Die Antwort ist klar: Jesus möchte, dass sich der Glaube an seine Messianität auf das Zeugnis der Schrift gründet. Noch einmal zeigt er seinen Jüngern auf, dass der von den Juden erwartete König der Heilszeit durch Leiden und Tod hindurchgehen musste und eben nicht die sieghafte Heldengestalt sein konnte.

Sie erkennen Jesus schließlich im Brotbrechen. Es ist nur ein Augenblick, denn plötzlich *verschwand er vor ihnen* (Vers 31). Doch dieser Augenblick hat eine weitreichende Bedeutung erlangt: Denn bis heute erfahren Christen die Gegenwart des erhöhten Christus in der Gabe von Brot und Wein beim Abendmahl.

75. Chance für einen Zweifler
Johannes 20,19-31

Die Berichte der Evangelien über die Begegnungen mit dem auferstandenen Jesus sind in mehrfacher Hinsicht außergewöhnlich: Das Ereignis der Auferstehung selbst wird mit keinem Wort erwähnt. Es gibt dafür keine Zeugen. Darum wäre es müßig, über das Wann und Wie zu spekulieren. Die Ersten, die dem Auferstandenen am Morgen des dritten Tages nach seiner Kreuzigung am Grab begegnen, sind Frauen: Sie sind aus Pietät gekommen, um seinen Leichnam zu salben. Auch das ist ungewöhnlich: Frauen werden die ersten Zeuginnen, dass Jesus auferstanden ist und lebt! Dabei dürfen sie nach jüdischem Recht nicht einmal als Zeuginnen vor Gericht auftreten. Die Evangelien spiegeln ein realistisches Bild vom tatsächlichen Geschehen. Während die Frauen nach der wunderbaren Begegnung mit dem Auferstandenen überwältigt zu den Jüngern zurückkehren, finden sie bei den Männern für ihr Zeugnis keinerlei Glauben. Und selbst am Abend des Auferstehungstages

Interessant: werden die Jünger noch von der Furcht beherrscht, *Auch wenn uns nach der* dass ihnen womöglich auch Verhaftung und Tod *Himmelfahrt Christi greif-* drohen. So erscheint ihnen Jesus durch die ver- *bare Erfahrungen wie die* schlossenen Türen hindurch, gibt sich mit seinen *des Thomas nicht mehr* durchbohrten Händen als der Gekreuzigte zu *möglich sind, so erbarmt* erkennen und überwindet so die Furcht der *sich Jesus Christus auch* Jünger: *Da wurden die Jünger froh, daß sie den* *heute über ehrliche Zweif-* *Herrn sahen* (Vers 20).

ler, indem er ihnen auf Als sie Thomas, der bei dieser denkwürdigen *seine Weise als der* Begegnung mit dem Auferstandenen nicht anwe- *Lebendige begegnet* send war, davon erzählen, kann dieser es immer *und zum Glauben* noch nicht glauben. Er will handfeste Beweise; ihm *anstiftet.* reicht das bloße Zeugnis seiner Freunde nicht aus.

Und das Erstaunliche geschieht: Jesus lässt sich darauf ein – und so bekommt selbst der hartnäckige Zweifler Thomas seine Chance. Er darf Jesus mit eigenen Händen berühren, um sich davon zu überzeugen, dass der Auferstandene weder ein Gespenst noch eine Einbildung ist.

Für Thomas ist diese unerwartete Begegnung mit Jesus so überwältigend, dass er nur noch stammeln kann: *Mein Herr und mein Gott!* (Vers 28). Das zweimalige *Mein* in diesem Bekenntnis zeigt: Es geht nicht um die Feststellung eines objektiven Tatbestandes, sondern um eine ganz persönliche Vergewisserung und Heilsaneignung.

Die unterschiedlichen Begegnungen der Jünger mit ihrem auferstandenen Herrn münden in einem Treffen der engsten Anhänger Jesu mit ihrem Herrn auf einem Berg im heimischen Galiläa. Jesus will sich dort von ihnen verabschieden. Selbst in diesem feierlichen Moment, in dem die Jünger vor ihrem Herrn niederfallen, verschweigt der Evangelist die Tatsache nicht, dass einige der Jünger immer noch *zweifeln* (Vers 17). Bis zum letzten Moment des irdischen Weges mit Jesus erweisen sich die Jünger als unsichere Kandidaten; sie sind alles andere als glühende Fundamentalisten. Und doch schiebt Jesus die Zweifler nicht beiseite, sondern schließt sie in seinen weltumspannenden Auftrag mit ein: Der Messias, der sich während der Zeit seines irdischen Wirkens *nur zu den verlorenen Schafen des Hauses Israel gesandt* sah (Matthäus 15,24), schickt nun seine Jünger in die ganze Völkerwelt: Alle sollen das Evangelium von Jesus hören, seine Jünger werden und *sich auf den Namen des Vaters und des Sohnes und des heiligen Geistes taufen* lassen.

Dieser Auftrag – bekannt als „Missionsbefehl" – stellt eigentlich eine völlige Überforderung dar: Wie soll diese Hand voll einfacher, ungebildeter Männer, dazu noch unsicher in ihren Überzeugungen, einen so gewaltigen Auftrag erfolgreich ausführen? Das kann eigentlich nur in einem Desaster enden. Und doch lässt sich nicht bestreiten, dass dieser Auftrag durch eine 2000-jährige Geschichte hindurch verwirklicht worden ist. Aus einer kleinen, unbedeutenden jüdischen Sekte wird die weltweite Christenheit mit Gemeinden in nahezu allen Nationen und ethnischen Gruppen dieser Erde.

Doch das Geheimnis dieses erstaunlichen Wachstums liegt nicht in der Konsequenz und Ausdauer der Boten und der von ihnen verfolgten Strategie. Der Erfolg ist einzig in der Vollmacht des Auferstandenen begründet: *Mir ist gegeben alle Gewalt im Himmel und auf Erden* (Vers 18). Seit seiner Auferstehung ist Jesus eben nicht mehr der ohnmächtig Leidende, sondern der sich machtvoll Durchsetzende, auch wenn sich sein Reich immer noch eher im Verborgenen und gegen den Widerstand anderer Mächte und Gestalten ausbreitet. Doch weil Jesus seinen Jüngern Anteil an der ihm verliehenen Vollmacht gibt und ihnen sein Mitsein *alle Tage bis an der Welt Ende* (Vers 20) zusagt, geraten sie in seinem Namen auf die Siegerstraße.

Der Siegeszug des Evangeliums

Vor seiner Himmelfahrt gibt Jesus seinen Jüngern den Auftrag, das Evangelium in aller Welt zu verkünden und durch die Taufe das Volk Gottes aus allen Nationen zu sammeln. Doch verwirklicht werden kann dieser atemberaubende Auftrag nur, weil Jesus sie an seiner Vollmacht teilhaben lässt und sie mit der Kraft des heiligen Geistes (vgl. Apostelgeschichte 1,8) ausstattet. Als am jüdischen Erntedankfest (weil es 50 Tage – griechisch = Pentecoste – nach dem Passafest gefeiert wurde, heißt es im Deutschen „Pfingsten") der Heilige Geist über die in Jerusalem versammelte Jüngerschar kommt, beginnt sogleich der Siegeszug des Evangeliums: Aufgrund der ersten vollmächtigen Predigt des Petrus bekehren sich an einem einzigen Tag mehrere Tausend Menschen. Sie lassen sich taufen und schließen sich der kleinen christlichen Gemeinschaft in Jerusalem an. Doch mit dem unverhofften, rasanten Wachstum entstehen zugleich Herausforderungen und Probleme. Ganz selbstverständlich halten sich die ersten Christen auch weiter zum jüdischen Synagogengottesdienst und nehmen an den Opfern und Gebeten im Tempel teil.

Doch dann öffnen sich immer häufiger Nichtjuden der von den Aposteln verkündeten Botschaft. Auch sie möchten sich zum Zeichen der Zugehörigkeit zur Gemeinde taufen lassen. Doch damit entsteht ein großes Problem: Können Nichtjuden vollwertige Mitglieder der christlichen Gemeinde werden, ohne zuvor durch die Beschneidung und Beachtung des jüdischen Gesetzes zum Judentum übergetreten zu sein? Es ist Paulus, der – als übereifriger Pharisäer auf dramatische Weise zum Glauben an Christus bekehrt – sich mit Leidenschaft dafür einsetzt, dass die Gojim – d.h. aus der Sicht der Juden: die Heiden – Christen werden dürfen, ohne zum Judentum übertreten zu müssen. Nach heftigen Widerständen strenger judenchristlicher Kreise in Jerusalem findet Paulus mit seiner Auffassung schließlich die Zustimmung beim ersten Apostelkonzil in Jerusalem (Apostelgeschichte 15).

Durch die offizielle Legitimierung der gesetzesfreien Heidenmission breitet sich der christliche Glaube rasch im gesamten römischen Weltreich aus. Vor allem durch die rastlose Tätigkeit des Paulus mit seinen Mitstreitern entstehen zahlreiche, meist heidenchristliche Gemeinden. Die Apostelgeschichte des Lukas schildert auf lebendige, anschauliche Weise den Siegeszug des Evangeliums von Jerusalem bis Rom.

7. Pfingsten – Geburtstag der Kirche
Apostelgeschichte 2

Nach dem Abschied ihres Herrn und Meisters wagen die Anhänger Jesu mit ihrer Botschaft noch nicht den Schritt in die Öffentlichkeit. Doch als sie plötzlich am Pfingsttag mit wundersamen Begleitumständen von der *Kraft des heiligen Geistes* erfasst werden, drängt es sie unmittelbar darauf, den aus allen Ecken und Enden des Römischen Reiches in Jerusalem zusammengeströmten Festpilgern von den *großen Taten Gottes* (Vers 11) zu erzählen. Die Reaktion ist zunächst zwiespältig: Während die einen verwundert sind, dass sie die Botschaft in ihrer vertrauten Heimatsprache erreicht, halten andere die eifrigen Prediger für betrunkene Spinner. Doch Petrus ergreift die Gelegenheit beim Schopf, um den Zuhörern das Geschehen von der Prophezeiung des Joel her zu deuten (Joel 3,1-5): Schon dort wird die Ausgießung des Geistes Gottes *auf alles* Fleisch (Vers 17) geweissagt. In seiner unmittelbar daran anschließenden Missionspredigt verdeutlicht Petrus an verschiedenen alttestamentlichen Zitaten, dass Jesus der schon vor langer Zeit verheißene Messias ist, der zwar nach Gottes geheimem Ratschluss *dahingegeben war*, doch von ihm wieder auferweckt und durch die Erhöhung zu seiner Rechten endgültig zum *Herrn und Christus* gemacht wurde (Vers 36).

Die auf das Gewissen seiner Zuhörer zielende Predigt (vgl. die persönliche Zuspitzung in den Versen 23 und 36!) verfehlt ihre Wirkung nicht. In ihren Herzen getroffen fragen die Menschen, was sie tun sollen. Petrus verlangt nun keine religiösen Vorleistungen als Beweis für die Echtheit ihres Verlangens. Er verkündet schlicht die Notwendigkeit persönlicher Umkehr (*Tut Buße ...*) und die Taufe auf den Namen Christus als Bekenntnis der Zugehörigkeit zu ihm. Die darauf folgenden Ereignisse unterstreichen die weit reichenden Konsequenzen des Schrittes zur Taufe: Insgesamt 3000 Menschen schließen sich der kleinen Gemeinschaft der Jesus-Jünger an. Ihr junger Glaube wird durch die Unterweisung der Apostel verwurzelt und ihre Gemeinschaft durch regelmäßiges Gebet, durch Mahlfeiern und eine herzliche Gemeinschaft untereinander gestärkt und gefestigt. Im Überschwang ihres neu gefundenen Glaubens teilen sie sogar Hab und Gut miteinander. Zugleich bekunden sie damit, dass der Glaube an Christus Auswirkungen bis in den Umgang mit materiellen Gütern hat.

78. Ein Afrikaner wird Christ
Apostelgeschichte 8,26-40

Genießt die rasch wachsende Gemeinde der Jesusanhänger in Jerusalem zunächst das Wohlwollen der Bevölkerung, so ist die Entwicklung den einflussreichen religiösen Kreisen doch ein Dorn im Auge.

Interessant:
Für die urchristliche Gemeinde ist Jesaja 53 (siehe oben Nr. 40) zum entscheidenden Schlüsseltext geworden, mit dem sie die Passion Jesu als unüberbietbares, einzigartiges Heilsereignis deutet.

Mit der Hinrichtung des unbequemen Nazareners hatten sie gehofft, seine Bewegung endgültig gestoppt zu haben. Doch trotz einschüchternder Verhöre, erster Verhaftungen und der öffentlichen Steinigung eines Rädelsführers – Stephanus –, zieht die Botschaft von Jesus über Jerusalem hinaus immer weitere Kreise. Die Geschichte von der Taufe eines aus dem fernen Äthiopien stammenden Ministers – bekannt als *Kämmerer aus dem Mohrenland* – zeigt, wie der Funke des Evangeliums auf die Völkerwelt überspringt. Dieser Heide nimmt eine lange, beschwerliche Wallfahrt auf sich, offensichtlich auf der Suche nach dem lebendigen Gott. Doch als Unbeschnittener, d.h. nicht zum Volk der Juden Gehörender, darf er am Jerusalemer Tempelgottesdienst nicht teilnehmen. In seiner vermutlichen Enttäuschung darüber erwirbt er sich eine Schriftrolle mit der Botschaft des Propheten Jesaja, die er nun aufmerksam auf seinem Heimweg studiert.

Von Gottes Geist gelenkt trifft der Minister auf einsamer Wüstenstraße Philippus, einem durchs Land ziehenden Propheten der christlichen Gemeinde. Gerade ist der Äthiopier dabei, das 53. Kapitel des Jesajabuches zu lesen, in dem vom leidenden Gottesknecht erzählt wird. Er weiß nicht, von wem da die Rede ist und stellt darum Philippus die entscheidende Frage: *Ist hier von dem Propheten selbst die Rede oder von einem anderen, zukünftig Kommenden?*

Für Philippus könnte die Gelegenheit kaum günstiger sein, dem Fremden von Jesus, seinem bereits von Jesaja prophezeiten Leiden und Sterben, zu erzählen. Er führt ihn direkt in die Mitte der christlichen Botschaft, zum *Wort vom Kreuz* (1. Korinther 1,18). Es ist, als ob es dem afrikanischen Minister plötzlich wie Schuppen von den Augen fällt und seine lange Suche nach Gott endlich an ihr Ziel gekommen ist. Es wird ihm deutlich, dass Jesus auch um seinetwillen den Tod am Kreuz auf sich genommen hat. Er zögert darum keinen Augenblick länger, um sich taufen und in die Gemeinde des neuen Bundes aufnehmen zu lassen. Beglückt wie der Kaufmann, der nach langem Suchen endlich die *kostbare Perle* gefunden hat (siehe oben Nr. 51), zieht er heimwärts.

79. Die Bekehrung des Saulus
Apostelgeschichte 9,1-20

Interessant:
"Damaskuserlebnis" ist zu einem geflügelten Wort geworden. Doch plötzliche Bekehrungen wie die des Saulus sind bis heute eher die große Ausnahme. Warum?

Kein anderer hat die Ausbreitung des christlichen Glaubens so sehr geprägt wie Paulus. Dabei ist er Jesus während der Zeit dessen irdischen Wirkens nie begegnet. Aufgewachsen in der jüdischen Diaspora – in Tarsus, der Hauptstadt der römischen Provinz Cilicien – hatte er sich als junger Mann den Pharisäern angeschlossen. Im Rückblick auf diese Zeit schreibt er später: *Ich bin nach dem Gesetz ein Pharisäer, nach dem Eifer ein Verfolger der Gemeinde, nach der Gerechtigkeit, die das Gesetz fordert, untadelig gewesen* (Philipper 3,5b.6). Mit dieser Charakterisierung stuft er sich selbst als leidenschaftlicher Eiferer für die Befolgung des jüdischen Gesetzes ein. Gerade deswegen mussten ihm die Christen als religiöse „Volksschädlinge" erscheinen, weil sie die grenzenlose Barmherzigkeit Gottes verkündeten, statt zu strikter Beachtung des Gesetzes aufzufordern. Wer aber Gottes Liebe selbst gegenüber offensichtlichen Sündern und Gesetzlosen predigt, zerstört die Grundlagen der jüdischen Religion. Dagegen gibt es nur ein Mittel: die entschlossene Bekämpfung solcher Irrlehren und die gewaltsame Auflösung der christlichen Gemeinden. Zu diesem Zweck ließ sich der junge Saulus – so sein ursprünglicher Name – Vollmachten von höchster Stelle in Jerusalem geben, um die *Anhänger des neuen Weges* (Vers 2) in Damaskus verhaften zu können. Doch es kommt ganz anders: Auf dem Weg nach Damaskus stellt sich ihm der bereits in den Himmel aufgefahrene Jesus in den Weg und wirft das Steuer seines Lebens um 180 Grad herum. Er, den Saulus bisher für den Anstifter einer verhängnisvollen jüdischen Sekte hielt, erweist sich in dieser Begegnung als der Stärkere. Nun soll Saulus seinen *Namen vor Heiden und vor Könige und vor das Volk Israel tragen* (Vers 15).

Mit Blindheit geschlagen wird Saulus nach Damaskus geführt, wo die erste Begegnung mit den dortigen Christen verständlicherweise nicht ganz komplikationslos verläuft. Denn Saulus ist bis Damaskus der Ruf vorausgeeilt, ein „Christenfresser" zu sein. Doch als Hananias, einer der führenden Christen in Damaskus von Gott über die dramatische Lebenswende ihres bisherigen Verfolgers erfährt, zögert er nicht, Saulus in Damaskus aufzusuchen, ihm als Zeichen des Segens die Hand aufzulegen und ihn als *lieben Bruder Saul* (Vers 17) anzureden. Zum Zeichen, dass auch er sich nun zur Gemeinde der Christen zugehörig weiß, lässt Paulus sich umgehend taufen und beginnt zum Entsetzen vieler in der Synagoge von Jesus als Gottes Sohn zu predigen.

Mit Paulus hatte die christliche Gemeinde einen theologisch hochgebildeten Mitarbeiter gewonnen, der sogleich seine ganze Klugheit und die Schärfe seiner Argumentation dafür einsetzt, Menschen von Jesus zu überzeugen. Sein Auftreten löst Wut und Entsetzen bei den einen – und Misstrauen und Unbehagen bei den andern aus. Während seine bisherigen Weggenossen den Abtrünnigen schnellstmöglich beseitigen wollen, bleiben auch die Apostel in Jerusalem zunächst ungläubig auf Distanz. Erst durch die Fürsprache des Barnabas taut das Eis und Vertrauen entsteht (Apostelgeschichte 9,21-28). Doch bis Paulus zum großen Heidenmissionar wird, der auf seinen Missionsreisen fast das gesamte römische Weltreich durchquert, vergehen mehr als zehn Jahre. Über diesen Zeitraum wissen wir so gut wie nichts. Vermutlich hat ihn Paulus überwiegend in stiller Abgeschiedenheit zugebracht, wo in ihm dann langsam die Berufung zum Völkerapostel reift. Unser Text schildert den Beginn und den Schluss der ersten großen Missionsreise. Paulus und Barnabas lassen sich nach einer Zeit des *Fastens und Betens* (Vers 2) zur persönlichen Klärung von den Verantwortlichen der Gemeinde in Antiochia aussenden. Nie ist Paulus zu seinen Missionsreisen auf eigene Faust losgezogen; stets sucht er dabei die Rückendeckung durch die heimatliche Gemeinde und weiß sich für sein Tun den Aposteln in Jerusalem zur Rechenschaft verpflichtet.

Interessant:
Die Berichte von der ersten Missionsreise zeigen: Wo das Evangelium verkündet wird, werden Menschen zu einer persönlichen Stellungnahme herausgefordert: Klar dafür – oder entschieden dagegen.

Paulus knüpft auf seiner ersten Missionsreise an den bestehenden jüdischen Synagogengemeinden der Diaspora an. Er hält es für selbstverständlich, am Sabbat die Synagoge zu besuchen und den dort versammelten Juden Jesus Christus zu verkündigen (Apostelgeschichte 13,5.12.42; 14,1). Doch die Reaktion der Juden ist überwiegend negativ, während viele Heiden, die das Evangelium hören, sich bekehren, darunter sogar der Statthalter Sergius Paulus (Vers 12). Die heftige Ablehnung, die Paulus zur eigenen Überraschung immer wieder erfährt, und die in einem Fall sogar zu einer Steinigung führt, die er glücklicherweise überlebt (Apostelgeschichte 14,19.20), stellt sein Missionskonzept grundlegend infrage. Um so dankbarer erzählen Paulus und sein Begleiter Barnabas bei ihrer Rückkehr der versammelten Gemeinde, wie Gott den Heiden die *Tür des Glaubens aufgetan hat* (Vers 27).

31. Konzil mit wichtigen Entscheidungen
Apostelgeschichte 15,1-28

Interessant:
„Durch die Bestimmungen des ersten Apostelkonzils wurde endgültig der Weg frei für die weltweite Ausbreitung des Christentums. Zugleich wurde damit klargestellt: Nicht die Befolgung des Gesetzes oder menschliche Leistungen sind Grundlage des christlichen Glaubens, sondern alle Menschen werden allein durch die Gnade des Herrn Jesus selig (Vers 11).

Auch zwei Jahrzehnte nach der Gründung der Jerusalemer Gemeinde sehen sich die dortigen Judenchristen immer noch an das ganze jüdische Gesetz einschließlich der Beschneidung gebunden. Weil Paulus den Heiden das Evangelium ohne diese Auflagen verkündete, musste es früher oder später zum Konflikt kommen. Scharfmacher aus Judäa kamen nach Antiochien, um auf die Beschneidung der bekehrten Heiden zu dringen (Vers 1). Die Gemeinde hält es in dieser Situation für geraten, in dieser wesentlichen Frage das Urteil der Jerusalemer Apostel einzuholen. So kommt es zum ersten Konzil der noch jungen Kirche.

Den beeindruckenden Missionsbericht des Paulus und Barnabas über die wunderbaren Bekehrungen unter den Heiden unterstützt Petrus, indem er von seinen eigenen Erfahrungen erzählt. Doch erst als sich Jakobus – als leiblicher Bruder Jesu zu dieser Zeit wohl die entscheidende Autorität der Gemeinde in Jerusalem –, ebenfalls dafür ausspricht, den Heiden nicht die Last des jüdischen Gesetzes samt Beschneidung aufzuerlegen, wendet sich das Blatt zugunsten der Missionspraxis des Paulus und Barnabas. In einem feierlichen Aposteldekret wird die bisherige missionarische Verkündigung unter den Heiden bestätigt. Allein vier Auflagen werden den Missionaren für die Verkündigung unter den Heiden mitgegeben: Sie sollen die Heiden zum Brechen mit heidnischem Götzenkult veranlassen. Sie sollen ihnen jede Form der damals im Römischen Reich weit verbreiteten, oft dazu religiös verbrämten sexuellen Unzucht verbieten und ihnen das Gebot einschärfen, kein unschuldiges Blut zu vergießen.

Mit diesen Auflagen wird im Grunde nur noch einmal die Geltung der Zehn Gebote unterstrichen, denn die Anweisungen des Dekrets beziehen sich ausdrücklich auf das erste, fünfte und sechste Gebot. Überraschend hingegen erscheint die Anordnung, dass sich die Heiden auch vom Ersticken enthalten sollen: Damit wird auf ein jüdisches Ritualgebot angespielt, wonach den Juden – übrigens bis heute – nur der Genuss von geschächtetem Fleisch erlaubt ist. Gemeint ist wohl dies: Die Heiden sollen bei den gemeinsamen Mahlzeiten mit Judenchristen Rücksicht auf ihre gewissenmäßige Bindung nehmen. Es geht dabei weniger um das Ritualgebot als um eine der Liebe zu den christlichen Geschwistern gebotene Rücksichtnahme.

82. Mission unter Intellektuellen
Apostelgeschichte 17,22-34

Intereccant:
Die Predigt des Paulus auf dem Areopag gilt bis heute als Musterbeispiel einer einfühlsamen, an der Lebenswelt seiner Zuhörer anknüpfenden Verkündigung. Doch macht sie zugleich deutlich, dass eine Botschaft, die zentrale christliche Glaubensinhalte nicht verschweigt, immer zur Scheidung der Geister führt.

Als Paulus auf seiner 2. Missionsreise nach Athen kommt, gehören der Ruhm und Glanz dieser Stadt längst der Vergangenheit an. Andere Metropolen wie Korinth oder Ephesus haben Athen im ersten Jahrhundert nach Christus längst den Rang abgelaufen. Dennoch legt die Stadt mit ihren imposanten Denkmälern immer noch auf beeindruckende Weise Zeugnis von ihrer Geschichte ab. Auch Paulus spürt angesichts der zahllosen Tempel und Altäre im Stadtbild von Athen, wie sehr die Menschen durch Jahrhunderte hindurch nach Wahrheit gesucht haben und bereit waren, den ihnen vertrauten Göttern zu dienen und sie anzubeten.

Seine Predigt auf dem berühmten Areopag richtet sich vor allem an die Gebildeten: Menschen, die in der Philosophie der Stoiker und Epikureer zu Hause sind und zugleich interessiert nach neuen Lehren Ausschau halten, die ihren Geist beflügeln und zum Disput über die Wahrheit anregen. Meisterhaft versteht es Paulus, das Interesse seiner Zuhörer zu wecken: Er berichtet ihnen von seiner Entdeckung des den Stadtbewohnern sicherlich bekannten Altars, *dem unbekannten Gott* gewidmet (Vers 23), und kündigt an, ihnen diesen Gott nahe zu bringen.

Die Aufmerksamkeit ist da und wird sogar noch gesteigert, als Paulus griechische Dichter zitiert (Vers 28) und damit bekundet, dass er sich in der geistigen Welt seiner Zuhörer auskennt. Doch ganz unvermittelt redet Paulus davon, dass Gott, nachdem er lange Zeit großzügig über Unwissenheit und Irrtum der Menschen hinweggesehen hat, sie jetzt alle zur Umkehr auffordert. Als er dann auch noch fortfährt, dass Gott durch *einen Mann* – er nennt dabei noch nicht einmal den Namen Jesus! –, *den er von den Toten auferweckt hat* (Vers 31), zum Glauben einlädt, ist es mit der freundlichen Aufmerksamkeit vorbei. An der Frage der Auferstehung entzünden sich hitzige Debatten: Während die einen darüber spotten, wollen die andern mehr davon hören. Zwar heißt es am Schluss, dass *einige Männer ... gläubig wurden* (Vers 34), doch erweist sich die Mission unter den intellektuellen Athenern eher als Fehlschlag. Eine christliche Gemeinde ist durch den Einsatz des Paulus damals in Athen wohl nicht entstanden.

83. Vision für eine Stadt
Apostelgeschichte 18,1-11

Interessant:
In einer Zeit zunehmender Säkularisierung – gerade auch in den Großstädten – helfen der Kirche weder Image-Kampagnen noch Strukturdebatten. Vielmehr braucht sie von Gott selbst inspirierte Visionen, die eine neue Leidenschaft und Liebe für die Mission unter den Verlorenen entfacht.

18 Monate lang hat Paulus sich auf seiner Missionsreise mit seinen Begleitern in Korinth aufgehalten – und damit länger als an irgendeinem andern Ort sonst. Was zieht ihn in diese Stadt – und was hält ihn dort? Nach seinem von Caesar veranlassten Wiederaufbau nahm Korinth einen rasanten Aufschwung und entwickelte schon bald eine blühende Industrie. Als Paulus im Jahr 50 n.Chr. nach Korinth kommt, zählt die Stadt bereits 160.000 Einwohner. Doch Korinth ist zugleich berüchtigt wegen der moralischen Verkommenheit seiner Bürger: „Wie ein Korinther leben" wird in der griechischen Sprache zum geflügelten Wort für einen unmoralischen Lebenswandel. In Korinth angekommen, stürzt Paulus sich nicht sofort als Einzelkämpfer in die missionarische Arbeit. Stattdessen sucht er Anschluss und Rückhalt bei Aquila und Priszilla, einem aus Rom ausgewiesenen und dort wohl bereits zum christlichen Glauben konvertierten Ehepaar. Zugleich verdient er sich bei ihnen seinen Lebensunterhalt als Zeltmacher bzw. Sattler (Vers 3). Wie immer, beginnt Paulus seinen Verkündigungsdienst unter den dort ansässigen Juden. Durch die spöttische Ablehnung großer Teile der jüdischen Synagogengemeinde kommt es zum endgültigen Bruch.

Doch obwohl sich Paulus enttäuscht von der jüdischen Gemeinde abwendet, um künftig ausschließlich den Heiden das Evangelium zu verkünden, wird unmittelbar danach berichtet, dass der *Vorsteher der Synagoge, Krispus,* (Vers 8) zum Glauben findet. Paulus wird auch in Zukunft seine Verbundenheit mit seinen jüdischen Blutsbrüdern nicht aufkündigen und bis zuletzt darunter leiden und darauf hoffen, dass Israel Jesus als seinen Messias erkennt. Im Ringen um die Menschen in der quirligen Metropole Korinth wird Paulus eine nächtliche Vision zuteil: Jesus selbst lässt ihn wissen: *Ich habe ein großes Volk in dieser Stadt* (Vers 10).

Diese Vision schenkt ihm Ausdauer und lässt ihn Misserfolg und Scheitern ertragen, ohne an seiner Berufung irre zu werden. In Korinth entsteht bald eine lebendige Gemeinde, um deren Entwicklung Paulus ein Leben lang seufzend ringen wird. Eine Idealgemeinde zum Vorzeigen wird Korinth nie. Aber ein lebendiges Zeugnis für die Verlässlichkeit der Zusagen Gottes bleibt sie auch lange über den Tod des Apostels hinaus.

84. Paulus in Rom
Apostelgeschichte 28,17-31

Interessant:
Die Apostelgeschichte schließt mit der Bemerkung, dass Paulus trotz Gefangenschaft das Evangelium mit allem Freimut ungehindert (Vers 31) verkündet. Es bewahrheitet sich damit, was Jesus seinen Jüngern beim Abschied zugesprochen hatte (Apostelgeschichte 1,8). Nichts und niemand kann den Siegeszug des Evangeliums aufhalten. Auch wenn Paulus selbst einige Zeit später unter Kaiser Nero vermutlich den Märtyrertod erleidet.

Mit seiner dritten großen Missionsreise sieht Paulus seinen Auftrag in den Ländern um das östliche Mittelmeer als beendet an. Sein nächstes Ziel ist Spanien (vgl. Römer 15,28). Auf dem Weg dorthin will er die Gemeinde in Rom besuchen. Zugleich erhofft Paulus sich von den Christen in der Weltstadt Rom Unterstützung für seine Missionsarbeit in Spanien. Um seinen Besuch in Rom gut vorzubereiten, schreibt Paulus noch von Korinth aus einen ausführlichen Brief an die Gemeinde in der Hauptstadt. Es ist so etwas wie ein Empfehlungsschreiben, in dem Paulus sein Verständnis des christlichen Glaubens und die daraus folgenden Konsequenzen darlegt. Der Römerbrief wird der bedeutendste aller von Paulus verfassten Briefe.

Einige Jahre später kommt Paulus nach Rom. Doch nicht als Anführer der schon lange geplanten Missionsreise nach Spanien, sondern als persönlicher Gefangener des römischen Kaisers. Was war geschehen? Paulus hatte nach Abschluss seiner dritten Missionsreise in Jerusalem über seine Erfahrungen berichtet. Doch seine jüdischen Gegner lassen keine Ruhe, wiegeln das Volk gegen ihn auf und hätten ihn um ein Haar getötet, wenn nicht die Tempelpolizei dazwischen gegangen wäre und Paulus zunächst einmal verhaftet. Nach langem Hin und Her wird Paulus schließlich nach Rom überstellt; hat er sich doch immer wieder darauf berufen, als römischer Staatsbürger nur der Gerichtsbarkeit des Kaisers in Rom verpflichtet zu sein.

Nach einer abenteuerlichen Reise mit Seesturm und Schiffbruch kommt Paulus schließlich – etwa 3 Jahre nach seiner Verhaftung – in Rom an. Nach seiner Ankunft in Rom knüpft Paulus zunächst Kontakt mit Juden, um sich vor ihnen für sein Verhalten zu rechtfertigen. Unermüdlich versucht er, ihnen die Erfüllung der messianischen Verheißungen durch das in Jesus angebrochene Reich Gottes zu erläutern. Doch die Reaktion auf jüdischer Seite ist zwiespältig. Paulus sieht sich dadurch bestätigt, sich um so mehr der Verkündigung unter den Heiden zuzuwenden: Ihnen *ist dies Heil Gottes gesandt; und sie werden es hören* (Vers 28).

Von den Grundlagen des Glaubens und seinen Konsequenzen

Erzählen die Evangelien von den Werken und Taten Jesu und können wir anhand der Apostelgeschichte die Ausbreitung des Evangeliums und das rasante Wachstum der christlichen Gemeinde von Jerusalem bis Rom verfolgen, so stellen die Briefe als dritter Schwerpunkt des Neuen Testaments so etwas wie ein Kompendium des christlichen Glaubens dar: Lehrhafte Darlegungen der Grundlagen des christlichen Glaubens und seelsorgerliche Anweisungen für das alltägliche Leben der Christen sind ihr wesentlicher Inhalt. Zwar finden sich in den Briefen immer wieder persönliche Nachrichten: Grüße und Wünsche, Mitteilungen über die Situation des Briefschreibers oder Nachfragen zum Befinden oder Verhalten bestimmter Gemeindeglieder. Doch sind die entscheidenden Aussagen dieser Briefe zeitlos und allgemein gültig. Zu Recht haben sie deshalb Aufnahme in den Kanon der biblischen Schriften gefunden.

Die meisten (und auch die umfangreichsten) Briefe des Neuen Testaments stammen von Paulus. Alle wurden aus konkretem Anlass an eine der von ihm gegründeten oder mit ihm verbundenen Gemeinde geschrieben; andere – die so genannten Pastoralbriefe – sind an die beiden Mitarbeiter des Paulus, an Timotheus und Titus adressiert. Es sind vor allem die Paulusbriefe – und hier wiederum besonders der Römer- und Galaterbrief – gewesen, in denen Paulus z.T. in leidenschaftlicher theologischer Auseinandersetzung mit seinen Gegnern und mit gedanklicher Klarheit und Schärfe das von ihm verkündete Evangelium begründet und entfaltet: „Die Botschaft von der Rechtfertigung des Sünders allein aus Gnade durch den Glauben" wurde so zur theologischen Mitte des ganzen Neuen Testaments.

Immer wieder betont Paulus in seinen Briefen, dass Menschen nicht aufgrund ihres Tuns bzw. ihrer Werke vor Gott gerecht sind, sondern einzig und allein aufgrund der Gnade Gottes, seines Erbarmens mit den Sündern. Allerdings hat dieser Glaube an das Erbarmen Gottes Auswirkungen auf die eigene Lebensgestaltung: Wer sich von Gottes Güte in Christus reich beschenkt weiß, der wird die empfangene Liebe dankbar an andere weitergeben. Paulus und die andern Apostel haben allerdings erfahren müssen, dass es neben der von ihnen verkündeten Botschaft auch andere theologische Lehrauffassungen gab. Die Briefe des Neuen Testaments spiegeln darum auch den Kampf der Apostel mit Irrlehrern und Sektierern um die Wahrheit und Klarheit des Evangeliums wider.

85. Gerecht durch den Glauben
Römer 3,21-31

Im 1. Teil des Römerbriefes (1,18-3,20) legt Paulus dar, warum die gesamte Menschheit unter dem *Zorn Gottes* steht. Denn weder haben die Heiden Gott die Ehre gegeben, obwohl sie ihn von der Schöpfung her erkennen können, noch haben die Juden die Forderungen des ihnen offenbarten Gesetzes erfüllt und die aus ihrer Zugehörigkeit zum Volk Gottes folgenden Verpflichtungen eingehalten. So stehen beide, Heiden wie Juden, unter der Herrschaft der Sünde, ohne Chance, mit ihrem Leben vor Gott bestehen zu können.

Interessant:

Dass die dankbare Annahme des Sühneopfers Jesu (Vers 25) keineswegs selbstverständlich ist, macht der empörte Widerspruch des Journalisten und Publizisten Franz Alt deutlich: „Es ist widerlich und absurd anzunehmen, Gott brauche das Opfer und das Blut des unschuldigen Jesus für die Sünden der Schuldigen. Hinter diesem barbarischen Gottesbild steckt primitivstes Heidentum."

Doch dann setzt Paulus mit dem *Nun aber ...* (Vers 21) den erlösenden Kontrapunkt – und damit beginnt das große Aufatmen. Denn in der Zwischenzeit ist eine ungeheure Veränderung eingetreten: Es ist das „Jetzt" der neuen Weltzeit, die mit Jesus Christus angebrochen ist. So wie vor dem Kommen Jesu der Zorn Gottes über alle Sünder die beherrschende Wirklichkeit war, so ist es nun die *Gerechtigkeit Gottes*. Es ist nicht eine fordernde Gerechtigkeit, sondern die Gerechtigkeit, mit der Gott die Sünder, Heiden wie Juden, *ohne ihr Verdienst* gerecht macht. Standen wir eben noch als Angeklagte vor Gottes Gericht und mussten mit Verurteilung rechnen, so werden wir jetzt in einem Urteil in letzter Instanz für gerecht erklärt und können als Freigesprochene den Gerichtssaal verlassen.

Die Gerechtigkeit Gottes ist die neue Wirklichkeit mitten in der Welt. Allen Menschen gilt die Rechtfertigung, die Gott selbst initiiert und Jesus durch sein Sterben am Kreuz bewirkt. Allerdings werden wir Nutznießer dieser neuen Gerechtigkeit allein *durch den Glauben an Jesus Christus* (Verse 22.25.28). Dieser Glaube ist nichts anderes als das dankbare Annehmen des Urteils, das Gott aus Erbarmen mit uns Menschen gesprochen hat. Dieses Urteil lautet: Freispruch.

Weil Paulus aus eigener Vergangenheit weiß, wie schnell Menschen zu fromm getarnter Überheblichkeit neigen, stellt er noch einmal klar: Stolz und Selbstruhm sind jetzt ausgeschlossen. Wer aus der Gnade lebt, soll Gott für seine Barmherzigkeit rühmen; sich selbst jedoch nicht für besser als andere halten.

36. Frieden mit Gott
Römer 5,1-11

Ging es Paulus in Römer 3,21ff. zunächst darum, die im Sühneopfer Jesu sich vollziehende Gerechtigkeit Gottes als entscheidende Wende zum Heil aller Menschen darzulegen, so setzt unser Text mit einem neuen Gedankengang ein. Paulus beschäftigt sich jetzt mit den Konsequenzen aus dem Urteilsspruch Gottes über die Menschen: Was folgt daraus für die Beziehung zu Gott, für das tägliche Leben, die Zukunft?

Interessant:
Insgesamt 10 Mal findet sich in dem Text das Wörtchen durch, und zwar jedes Mal in Verbindung mit Jesus. Es verdeutlicht seine einzigartige Mittlerschaft.

Eine erste Antwort lautet: Weil wir trotz unserer vielfältigen Schuld von Gott freigesprochen sind, können wir endlich im *Frieden mit Gott* leben. Offenbar sieht Paulus das Verhältnis zu Gott vorher durch Feindschaft und Misstrauen (vgl. Vers 10) bestimmt. Das überrascht, denn kein Jude hätte sich als „Feind Gottes" bezeichnen können. Und auch Menschen, die dem christlichen Glauben eher distanziert gegenüberstehen, werden in Gott nur selten einen Feind sehen; eher lassen sie „den lieben Gott da oben einen guten Mann sein". Doch durch die Sünde ist bei allen Menschen die Gottesbeziehung gestört, ja vergiftet.

Ganz tief sitzen in uns allen Misstrauen, Angst und Argwohn Gott gegenüber. Darum bedeutet das Sterben Jesu am Kreuz mehr als ein bloßes Urteil, das uns einen unverhofften Freispruch beschert. Mit juristischer Begrifflichkeit allein lässt sich die Bedeutung der Passion Jesu nicht erfassen. Was Jesus für uns tat, setzt zugleich einen Heilungsprozess in Gang. Die Entfremdung des Menschen von Gott wird überwunden und Versöhnung und Vertrauen treten an die Stelle von Misstrauen und Angst. Wir erkennen in Gott unsern liebenden Vater, der für uns sorgt und uns nicht im Stich lässt.

Als *Versöhnte* spiegelt unser Leben die erfahrene Barmherzigkeit wider. Denn dass *die Liebe Gottes in unsere Herzen ausgegossen ist* (Vers 5), bedeutet, dass wir die empfangene Liebe an andere weiterverschenken. Wer in *Frieden mit Gott* lebt, wird sich nicht mehr mit unversöhnlichen Beziehungen zu andern Menschen abfinden.

Schließlich hat der neu gewonnene Frieden mit Gott auch Auswirkungen im künftigen Gericht Gottes. Noch einmal spricht Paulus vom *Zorn* Gottes (Vers 9) – und spielt damit auf jenes Gericht an, in dem die Glut göttlichen Zorns alles Böse verzehren wird. Christen brauchen diesen Tag nicht mehr zu fürchten, denn Jesus wird sie als ihr Fürsprecher vor den Folgen des Zorns bewahren.

Zu Beginn des 2. Hauptteils des Römerbriefes entfaltet Paulus die Botschaft von der *Glaubensgerechtigkeit*. Dort, am Anfang, hatte er sie als sein Glaubensbekenntnis formuliert; nun schließt er seine Darlegung mit einem jubelnden Bekenntnis ab. Dem entspricht, dass Paulus in Römer 3,21 bis 8 fast durchgehend in der ersten Person spricht: Das theologische Durchdenken und Erklären der Glaubensgerechtigkeit kommt vom Bekenntnis her und mündet wieder in das

Interessant:

Die Heilsgewissheit eines Menschen ist immer Christusgewissheit, nie aber Selbstgewissheit. Sie findet ihr tragfähiges Fundament nicht in uns selbst, sondern allein in Christus.

Bekenntnis ein. Damit soll deutlich werden: Es handelt sich nicht um ein blutleeres, theologisches Gedankengebäude, sondern um eine die menschliche Existenz grundlegend verändernde Wirklichkeit.

In beinahe hymnischen Ton bekennt Paulus seine Zuversicht: *Gott ist für uns.* Er hat uns in Christus alles geschenkt. Darum kann uns nichts mehr von seiner Liebe trennen, komme, was da wolle.

Solch auftrumpfende Gewissheit erscheint beim Lesen suspekt: Klingen diese Sätze nicht allzu kühn und selbstsicher? Woher nimmt Paulus diese Sicherheit? Jedenfalls nicht aus sich selbst: Paulus ist nicht von der Unerschütterlichkeit seines Glaubens überzeugt, sondern von der grenzenlosen Güte Gottes. Darum ist sein Bekenntnis, so überschwänglich es klingt, im Kern doch ein nüchternes Bekenntnis. Denn es verschweigt ja nicht die vielfachen Gefährdungen menschlichen Lebens. Paulus hat es ja oft genug am eigenen Leib leidvoll erfahren, wovon er hier schreibt: *Trübsal oder Angst oder Verfolgung oder Hunger oder Blöße oder Gefahr oder Schwert* (Vers 35). Man lese nur einmal die erschütternde Auflistung aller seiner im Dienst für Jesus durchgemachten Leiden in 2. Korinther 11,16-33! Nein, Paulus hebt von der Wirklichkeit des Lebens nicht schwärmerisch ab. Er verschweigt auch nicht jene oft unsichtbaren Mächte und Instanzen, die den Menschen in ihren Würgegriff nehmen und von Gottes Seite losreißen wollen: Todesangst und Lebensgier; okkulte Einflüsse und dämonische Verführung. Das alles hat viel Macht, aber es vermag Christen nicht mehr von Gott zu trennen. Der Heiden-Respekt, den viele noch vor diesen Mächten und Gewalten haben, wird bei Christen abgelöst durch die Gewissheit einer letzten, tiefen Geborgenheit bei Gott. Sie wissen, dass Gott sie nicht vor, aber im Leid bewahrt und ihnen hilft, es im Glauben zu bewältigen.

Im Schlussteil des Römerbriefes – begin-
nend mit dem 12. Kapitel – zieht Paulus die
ethischen Konsequenzen aus der zuvor entfalte-
ten Grundlage des christlichen Glaubens, der den
Menschen ohne ihr Verdienst zugesprochenen
Gerechtigkeit. Was ist die angemessene Antwort auf die
erfahrene Barmherzigkeit Gottes? Paulus fordert die Christen
in Rom zunächst dazu auf, *ihre Leiber als ein Opfer hinzugeben* (Vers
1). Indem er den Opferbegriff aus dem Kultus aufnimmt, ihn zugleich
ummünzt und zum Leitbegriff seiner Ethik erhebt, verdeutlicht er den
Totalanspruch Gottes auf unser Leben. Wer erfahren hat, dass Gott
ihn in Christus bedingungslos geliebt und angenommen hat, der
weiß, dass er nun nicht mehr sich selbst gehört und autonom über
sein Leben bestimmen kann. Er wird sich fortan als Eigentum Gottes
verstehen und nicht länger versuchen, Gott mit etwas Moral, Zeit oder
Geld „abzuspeisen". Das Lebensopfer Jesu nötigt zu einer angemes-
senen Antwort. Und die kann nur so aussehen, dass Menschen Gott
das Verfügungsrecht über ihr Leben überlassen und sich seiner
Führung unterstellen. Paulus sieht darin den *vernünftigen Gottesdienst* (wörtlich: *logische Liturgie*, Vers 1), weil sie die Bereitschaft,
Gott zu dienen, nicht auf einen Tag in der Woche oder einen kleinen
Ausschnitt menschlichen Lebens eingrenzt.

Gott gefällt es, wenn Menschen ihm in allen Dingen vertrauen und
er darum das letzte Wort in ihrem Leben hat. Zugleich ermahnt der
Apostel die Christen zu einem nonkonformen Glauben, der sie nicht
aus bequemer oder feiger Anpassung zu Mitläufern werden, sondern
sie um Gottes willen gegen den Strom schwimmen lässt: *Und stellt
euch nicht dieser Welt gleich, sondern ändert euch durch die Erneuerung eures Sinnes ...* (Vers 2).

Betont Paulus zunächst das Opfer des Leibes, so spricht er nun von
der Veränderung bzw. Erneuerung des *Denkens* (Luther hat das
griech. *nous* mit *Sinn* übersetzt). Weithin befindet sich unser Denken
in der Bevormundung der Vernunft, die glaubt, sie könne auf ihre
Weise die gesamte Wirklichkeit erfassen. Doch menschliche Vernunft
ist blind für die unsichtbare Wirklichkeit Gottes und verliert sich ganz
im Diesseits. Wir brauchen ein erneuertes Denken, um die Welt und
unser Leben auf seinen Ursprung und sein Ziel hin zu durchschauen
und um zu erkennen, wozu wir bestimmt sind.

Interessant:
Welches Bild oder
welcher Vergleich
kommt mir im Blick
auf die christliche
Gemeinde bzw.
Kirche in den
Sinn?

89. Gemeinde als lebendiger Organismus
1. Korinther 12,12-31

Durch die Bibel hindurch werden das Volk Gottes bzw. die Gemeinde in immer neuen Bildern und Vergleichen beschrieben: *Als Weinberg Gottes,* als *Herde Christi,* als *Hochzeitsgesellschaft* oder *als Haus der lebendigen Steine.* Auch Paulus verdeutlicht in seinen Briefen das Wesen der christlichen Gemeinde an einem Bild. Genau genommen ist es sogar mehr als ein Bild: Die christliche Gemeinde ist für ihn der unsichtbare *Leib Christi* – real gegenwärtig da, wo Christen in seinem Namen zusammen sind und zugleich als ihr *Haupt* als ihr Gegenüber von ihnen geschieden (was das Bild allerdings sprengt). Vor allem in 1. Korinther 12 und Epheser 4 macht Paulus grundlegende Aussagen zum Wesen bzw. zur Bestimmung der christlichen Gemeinde. In unserem Text stellt er dabei besonders folgende Aspekte heraus:

Als lebendiger Organismus ist die Gemeinde eine Einheit, trotz aller Verschiedenheit ihrer Glieder bzw. Organe. Ja, diese Vielfalt und Verschiedenheit ist geradezu ihr charakteristisches Merkmal – unter der Voraussetzung, dass die Glieder um ihre wechselseitige Ergänzungsbedürftigkeit wissen und weder die andern dominieren, noch sich für überflüssig halten. In den Versen 15-21 finden wir den etwas merkwürdig erscheinenden Dialog zwischen verschiedenen Gliedern. Doch die darin enthaltene Botschaft ist klar. Angesichts mancher Spannungen in der Gemeinde von Korinth, die durch persönlichen Ehrgeiz und Konkurrenzdenken noch verschärft wurden, hebt Paulus hervor: Die Verschiedenheit unterschiedlicher Gaben und Fähigkeiten ist gerade der Reichtum einer Gemeinde. Niemand soll sich selbst zum Maßstab für andere machen und glauben, er sei unersetzlich. Niemand soll aber auch neidisch auf andere schielen und sich schließlich für überflüssig halten, weil er eher unauffällig im Hintergrund mitarbeitet. Zum Aufbau bzw. Wachstum einer Gemeinde braucht es den *Fuß* ebenso wie das *Auge.*

Jeder ist vor Gott ein unverwechselbares Original. Darum haben in der Gemeinde weder Uniformität noch Starkult ein Recht. Paulus spitzt seine Aussagen noch zu, indem er geradezu provozierend formuliert: Die Glieder, *die uns die schwächsten zu sein scheinen, sind die nötigsten* (Vers 22). Wie sie sich gegenüber den schwächsten Gliedern – Behinderten, Alkoholikern, Depressiven, Geistesverwirrten, Straffälligen ... – verhält, wird zur Bewährungsprobe einer Gemeinde. Gerade weil ihr Jesus in der Gestalt des *geringsten Bruders* (vgl. Matthäus 25,31-46) begegnet, braucht eine Gemeinde liebevolle Beziehung zu den Schwachen, will sie Jesus nicht aus ihrer Mitte vertreiben.

Interessant:

In einem Liedvers heißt es: „Das will ich mir schreiben in Herz und Sinn, dass ich nicht für mich auf Erden bin. Dass ich die Liebe, von der ich lebe, liebend an andere weitergebe."

20. Das Hohelied der Liebe
1. Korinther 13,1-13

Mitten in einem Paulusbrief, der gekennzeichnet ist von gemeindeinternen Spannungen und Konflikten, findet sich plötzlich dieser wunderbar-poetische Text: *das Hohelied der Liebe*. Es ist der bessere Weg gegenüber allem kleinlichen Hickhack und großspurerischem Gehabe in der Gemeinde in Korinth, den Paulus am Ende von 1. Korinther 12 (Vers 31) ankündigt: der Weg der Liebe. *Liebe* – was für ein Wort! Es ist ein bewegendes, faszinierendes, Menschen in Flammen setzendes Wort. Und es ist zugleich ein vielfach geschundenes, zertretenes und unter die Räuber gefallenes Wort. Auch unser Text ist oft missverstanden und missgedeutet worden. So, als ob wir Menschen uns nur ein wenig Mühe geben müssten, um zu jener Liebe fähig zu sein, die der Apostel hier besingt. Doch in uns selbst ist das Potenzial zu solch selbstloser, hingebungsvoller, andauernder Liebe nicht vorhanden. Sie kann nur als Geschenk empfangen werden. Sie ist darum weder mit Sexus noch Eros zu verwechseln. Paulus benutzt für *Liebe* stattdessen das Wort *Agape*: Jenes Wort, das immer dann im Neuen Testament verwandt wird, wenn von Gottes Liebe die Rede ist, etwa in Johannes 3,16: *Also hat Gott die Welt geliebt, daß er seinen eingeborenen Sohn gab, damit alle, die an ihn glauben, nicht verloren werden, sondern das ewige Leben haben.*

Das also ist der benötigte Maßstab, um zu verstehen, was Paulus im *Hohelied der Liebe* besingt. Eine Liebe, die nicht blind ist, sondern *sich an der Wahrheit freut* (Vers 6). Und wenn diese Wahrheit auch noch so scharf und klar Schuld und Versagen aufdeckt: Sie lässt sich darüber *nicht erbittern* (Vers 5), noch zahlt sie mit gleicher Münze heim. Sie gibt keinen verloren. Weil es Gottes Liebe ist, muss niemand Angst haben, sie zu verspielen. Denn seine Liebe ist *langmütig* (Vers 4); sie verflüchtigt sich nicht wie der Nebel am Morgen, noch erkaltet sie. Und auch das gilt von dieser Liebe: Sie ist umfassend und total und grenzt niemanden aus (vgl. Vers 7). „Gott liebt jeden Menschen so, als ob es außer ihm keinen anderen gäbe, dem er seine Liebe schenken könnte" (Augustin). Menschenmöglich wird diese Liebe durch Gottes Geist, der *in unsere Herzen ausgegossen ist* (Römer 5,5; siehe oben Nr. 86). Wir können uns nach dieser Liebe ausstrecken, sie von Gott erbitten und uns von ihm damit beschenken lassen. Nicht, um uns in ihrem Glanz zu sonnen, sondern sie großzügig weiter zu verschenken.

91. Die alles entscheidende Alternative
1. Korinther 15,12-28

Ist Jesus wie jeder andere Mensch im Grab verwest? Ist er allenfalls noch in der Erinnerung seiner Anhänger lebendig, die das Gedächtnis an sein irdisches Wirken hochhalten? Dann wäre das Christentum das grandioseste religiöse Schwindelunternehmen aller Zeiten: Verkündet es doch seit 2000 Jahren, dass Jesus leibhaftig von den Toten auferstanden und zur Rechten Gottes erhöht sei ...

Interessant: „Die zentralste Frage der Kirche und Theologie ist die Frage nach der Auferweckung Jesu. Die gesamte Christenheit steht und fällt damit, ob Jesus in verklärter Leiblichkeit auferstanden ist oder nicht" (Gerhard Bergmann).

Es sind die Aussagen des Paulus selbst, die zu solch radikalen Schlussfolgerungen Anlass geben. Denn schon der Apostel bringt es gegenüber Kritikern der Auferstehung Jesu auf den Punkt: Entweder ist Jesus von den Toten auferstanden. Dann haben wir allen Grund zur Hoffnung, dass auch wir nach unserm Tode einmal auferweckt werden. Oder Jesus ist nicht auferstanden, dann ist alles Predigen und Glauben vergeblich (Vers 14); ja, dann sind die Christen *die elendsten unter allen Menschen* (Vers 19).

Für Paulus selbst steht außer Zweifel, dass Jesus leiblich von den Toten auferstanden ist. Der Auferstandene hat sich ihm ja selbst auf dramatische Weise offenbart – damals, auf dem Weg nach Damaskus (siehe oben Nr. 79; Vers 8 spielt darauf an). Und es gibt eine lange Liste von Zeugen, von denen etliche zur Zeit der Abfassung des Korintherbriefes (ca. 20 Jahre nach dem Ereignis) noch leben und darum befragt werden können (Verse 5-8). Dass die Begegnungen mit dem Auferstandenen somit zu den am besten bezeugten Ereignissen der Antike gehören, kann nicht bestritten werden. Es sei denn, man hält die Zeugen für Phantasten oder Betrüger. Trotzdem macht auch ihr einstimmiges Zeugnis den Glauben nicht überflüssig.

Im Gegenteil! Jeder, der dieses Zeugnis hört, muss sich neu dafür entscheiden, ob er ihm glaubt und seine Hoffnung darauf setzt, dass Gott auch ihn einmal wie Jesus vom Tod auferwecken wird. Ermöglicht wird solcher Glaube dadurch, dass sich Jesus bis heute immer wieder neu als der Lebendige unter uns zu erkennen gibt.

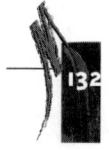

Der der Tiefe
schwere Woge gebändigt,
dessen Kraft
dem erdschlummernden
Samen Leben leiht,
der imstande, Lazarus
die Todesbande zu lösen,
den Bruder beim
dritten Sonnenlicht
der Schwester Martha
wiederzuschenken: der wird,
so glaube ich,
auch mich vom Tode erwecken.

(Frühchristliche Inschrift in der Damaskusgruft an der Via Ardeltina in Rom)

92. Loblied auf Christus
Philipper 2,5-11

Interessant:

*In des jüngsten Tages Licht,
wenn alle Welt zusammen-
bricht, wird zu Christi Füßen
jeder bekennen müssen: Jesus
Christus, König und Herr, dein
ist das Reich, die Kraft, die
Ehr. Gilt kein anderer Name,
heut' und ewig. Amen.*

Richard Lörcher
Gedichtet in der Zeit des
Dritten Reichs.

In den urchristlichen Gemeinden entstanden schon bald Psalmen und Hymnen, Oden und Liturgien, in denen die Gemeinde das Christusgeschehen besang, den auferstandenen Herrn feierte und ihn anbetete. Unser Text ist solch ein frühchristlicher Hymnus. Paulus zitiert ihn im Brief an die Philipper. Aus dem Zusammenhang wird deutlich, warum er es gerade an dieser Stelle tut: Er kommt auf das Zusammenleben der Christen in Philippi zu sprechen und freut sich an der Herzlichkeit, die das Zusammenleben der Gemeinde prägt. Um sie vor Streit und Zank zu bewahren, ermahnt er sie zu einer Gesinnung, die für eine durch Jesus begründete Gemeinschaft angemessen ist. Die frühere Übersetzung Luthers *Ein jeder sei gesinnt wie Jesus Christus auch war* (Vers 5) hat das Missverständnis nahe gelegt, Jesus habe uns mit seiner Menschwerdung und Erniedrigung aus Gehorsam ein Beispiel gegeben, dem wir nacheifern sollten. Doch eine solche Deutung würde das Besondere und Einmalige der Menschwerdung Jesu verwischen.

Der Christus-Hymnus schildert den Weg Jesu aus den höchsten Höhen seiner präexistenten Göttlichkeit (Jesus war schon da vor der Erschaffung der Welt) bis in die tiefsten Tiefen menschlicher Erniedrigung, dem Verbrechertod am Kreuz. Jesus hat sich dabei nicht an sein Gottsein wie einen unaufgebbaren Besitz geklammert. Er *entäußerte* sich seiner Göttlichkeit, so wie man ein Glas bis auf den letzten Tropfen entleert. Einmal Mensch geworden, setzte sich dieser Abstieg fort: *Er nahm Knechtsgestalt an*, war einfacher Leute Kind, geboren in einem Stall. Und er ging diesen Weg gehorsam weiter bergab – bis zum Verbrechertod am Kreuz.

Doch am tiefsten Punkt beginnt die wunderbare Umkehr: Der von Menschen Verachtete und Gedemütigte wird von Gott *erhöht*. Der Hymnus preist den Namen, *der über alle Namen ist* und bekennt sich zu Jesus als dem *Kyrios* (= *Herrn*), dem allein die Zukunft gehört und vor dem einmal alle Menschen niederknien und ihm die Ehre geben werden.

So umspannt dieser Hymnus auf Christus einen weiten Bogen: Von der Präexistenz Christi über seine Menschwerdung und Erniedrigung bis zu seinem endgültigen Triumph vor dem ganzen Universum. Mit ihrem Lobpreis ist die Gemeinde schon der Zeit voraus.

13. Kleiderwechsel
Kolosser 3,1-17

Interessant:
Auch Martin Luther mahnt, täglich in die Taufe zurückzukriechen und den alten Adam zu ersäufen: Der Kerl könne einfach zu gut schwimmen.

Menschen in erstaunlicher Zahl kamen in frühchristlicher Zeit durch das Wirken der Apostel und Missionare zum Glauben an Jesus Christus und schlossen sich der christlichen Gemeinde an. Als Zeichen ihrer Zugehörigkeit zu Christus und seiner Gemeinde ließen sie sich taufen und der Heilige Geist nahm Wohnung in ihnen. Man kann fragen: Was änderte sich dadurch praktisch in ihrem Leben? Wurden sie automatisch bessere Menschen: sittlich gefestigt, ethisch vorbildlich? Manche moralischen Verfehlungen vom handfesten Streit bis hin zu sexueller Verfehlung zeigen, dass es nicht so war. In der urchristlichen Taufliturgie wurde die Neuwerdung des Menschen symbolisch erfahren. Vor dem eigentlichen Taufvorgang entledigte sich der Täufling seiner alten Kleider als Zeichen des Abschieds vom bisherigen Leben. Indem er anschließend vollständig im Tauchbecken (manchmal waren es auch ein Fluss oder ein See) untergetaucht wurde, bekannte der Täufling, dass damit der alte Mensch gestorben war und ein neuer, verwandelter der Taufe entstieg (vgl. Römer 6,3.4). Zum Zeichen des neuen Lebens in Christus wurde ihm daraufhin das weiße Taufgewand angezogen. An diesen symbolischen Kleiderwechsel der Taufe erinnern verschiedene Passagen in den neutestamentlichen Briefen – wie auch unser Text. Sie zeigen, dass der Kleiderwechsel keineswegs mit der Taufe abgeschlossen ist, sondern im übertragenen Sinn immer wieder neu vollzogen werden muss. *Ihr habt den alten Menschen mit seinen Werken ausgezogen* (nämlich bei der Taufe), heißt es da etwa (Vers 9), um im gleichen Atemzug fast zu fordern: *Nun legt aber alles ab von euch: Zorn, Grimm, Bosheit, Lästerung, schandbare Worte aus eurem Munde* …(Vers 8). Es gehört Anstrengung und Mühe dazu, sein Leben so zu führen, dass Gott Gefallen daran hat und dem Nächsten dadurch geholfen wird.

Darum genügt es nicht, nur schlechte Gewohnheiten wie ein unpassend gewordenes Kleidungsstück abzulegen, sondern neue, an Christus orientierte Verhaltensweisen einzuüben. Darum folgt auf das *Ausziehen* das *Anziehen*: *So zieht nun an … herzliches Erbarmen, Freundlichkeit, Demut, Sanftmut, Geduld* …(Vers 12). Solche Mahnungen beherzigen zu können, setzt allerdings voraus, dass sich Christen die Kraft dazu von Jesus Christus schenken lassen und bereit sind, sich der Korrektur anderer Christen auszusetzen.

94. Christen im Kreuzfeuer
1. Petrus 4,1-19

Interessant!

Für die Christen der Urgemeinde war das Leiden um Christi willen der Normalfall ihrer Existenz, und selbst das 20. Jahrhundert hat mehr christliche Märtyrer erlebt als jedes Jahrhundert zuvor. – Müsste uns das nicht beunruhigen oder doch nachdenklich stimmen?

Der dem Apostel Petrus zugeschriebene Brief verfolgt vor allen Dingen ein seelsorgerliches Anliegen: Er wendet sich an Christen, die noch jung im Glauben unerwartete Anfeindungen und Schmähungen über sich ergehen lassen müssen. Petrus ermutigt sie dazu, sich deshalb nicht irremachen zu lassen und an dem Bekenntnis der Hoffnung festzuhalten. Doch wie tut er das?

Im ersten Abschnitt unseres Textes spielt er auf den veränderten Lebenswandel der Christen an und gibt ihnen zu verstehen: Wundert euch nicht, wenn euer Lebensstil eure früheren Kameraden *befremdet* (Vers 4). Vor eurer Bekehrung habt ihr mit ihnen in Saus und Braus gelebt und euch in ein wüstes Leben gestürzt. Jetzt sind sie verärgert, dass ihr bei ihnen nicht mehr mitmacht und so auch ohne viel Worte ihren Lebensstil hinterfragt.

Manche Menschen fühlen sich durch einen konsequent an Gottes Geboten orientiertem Lebensstil tiefer in Frage gestellt als durch noch so fromme Bekenntnisse. So werden Christen, die das *unordentliche Treiben* nicht mehr mitmachen, oft als Besserwisser diffamiert. Dass Christen mit ihrem Glauben ins Kreuzfeuer geraten, wird von Petrus als völlig normal dargestellt. Allerdings empfinden wir es doch als ziemliche Zumutung, wenn er schreibt: *Freut euch aber, daß ihr mit Christus leidet ...* (Vers 13) und wenige Worte später: *Selig seid ihr, wenn ihr geschmäht werdet um des Namens Christi willen* (Vers 14). Doch es geht nicht um eine Verklärung des Leidens an sich; der Akzent liegt auf den Worten *mit Christus* bzw. *um des Namens Christi willen*.

Schlecht wäre es, wenn Christen sich ihr Leiden um dummer Fehltritte willen selbst eingebrockt hätten (Vers 15). So aber leiden sie mit Christus und werden dadurch ihm ähnlicher: Denn wo Christen *um Christi willen* geschmäht werden, können sie zuversichtlich sein, dass Jesus ganz nahe bei ihnen ist. Zugleich stärkt solches Leiden die Gewissheit, als Mitleidende teilzuhaben an der kommenden Herrlichkeit bei Gott. Das Leiden um Christi willen führt den Christen zur Konzentration aufs Wesentliche: Wer unter Druck gerät und an die Grenzen geführt wird, der wird umso bewusster in Abhängigkeit von Jesus Christus leben und sich ihm *anbefehlen* (Vers 19). Ein nur oberflächlicher, auf den eigenen Vorteil bedachter Glaube wird sich im Leiden rasch verflüchtigen.

Die Hoffnung festhalten

Christen leben „zwischen den Zeiten": Sie kommen von der Auferstehung Jesu her und leben auf seine Wiederkunft hin. Die Zeit dazwischen ist bestimmt durch die Mission, zu der Jesus beim Abschied seine Jünger beauftragt hatte (siehe oben Nr. 76).

Viele Christen der ersten Stunde waren zutiefst davon überzeugt, dass sie die glanzvolle Rückkehr ihres Herrn und den Erweis seiner Macht vor aller Welt noch zu ihren Lebzeiten miterleben würden. Dabei hatte Jesus ausdrücklich alle Spekulationen über den Termin seiner Rückkehr verboten (vgl. Matthäus 24,36). Dennoch leben sie in der glühenden Erwartung seiner baldigen Wiederkunft. Selbst der Apostel Paulus rechnet zu Beginn seiner missionarischen Wirksamkeit fest damit, die Wiederkunft Jesu selbst noch mitzuerleben (1. Thessalonicher 4,15). Doch die ersehnte und erhoffte Rückkehr des Auferstandenen mit den Wolken des Himmels, wie er es selbst vorausgesagt hatte (Markus 14,62), bleibt aus. Theologen sprechen in diesem Zusammenhang vom Problem der „Parusieverzögerung" (Parusie = Ankunft). Wie hat die Gemeinde dieses Problem bewältigt?

Sie hat jedenfalls nicht die Hoffnung auf den wiederkommenden Christus und die Vollendung seines Reiches aufgegeben. Unbeirrt hält sie daran fest, dem Anbruch des Tages Jesu Christi und der endgültigen Durchsetzung seiner Herrschaft entgegenzugehen. Seelsorgerlich geht sie auf alle ein, die an diesem Ereignis zu zweifeln beginnen. Sie erklärt z.B. das Ausbleiben der Wiederkunft Jesu damit, dass Gottes Uhren eben anders gehen und im übrigen jeder Tag bis zur Wiederkunft Jesu ein Tag der Mission ist, an dem Menschen aus der Verlorenheit gerettet werden sollen (2. Petrus 3,8.9). Zugleich werden die Christen zur Nüchternheit und Wachsamkeit angehalten, weil Jesus unerwartet wie ein Dieb in der Nacht (1. Thessalonicher 5,2) plötzlich wiederkommen wird.

Es ist auffällig, dass die Gemeinde in Zeiten der Bedrängnis und Verfolgung entschlossen an ihrer Hoffnung festgehalten hat. Das letzte Buch der Bibel, die Offenbarung des Johannes, gibt dafür ein eindrückliches Beispiel. Während die Gemeinde einer staatlich angeordneten Verfolgung unter dem römischen Kaiser Diokletian (81-96 n. Chr.) ausgeliefert ist, lässt sie sich durch die Visionen des Johannes im Glauben stärken. In aller Bedrängnis bleibt sie zuversichtlich, dass Jesus – das Lamm und der Löwe aus dem Stamm Juda – die Mächte der Finsternis endgültig besiegen und durch Gericht und Untergang hindurch einen neuen Himmel und eine neue Erde schaffen wird.

95. Jesu Rede über die Endzeit
Lukas 21,5-36

Interessant:
Bei der Abschluss-
kundgebung des Ev.
Kirchentages 1950 in
Essen sagte der spätere
Bundespräsident Gustav
Heinemann: „Die Her-
ren dieser Welt gehen.
Unser Herr aber
kommt!"

Von bösen, schlimmen Zeiten ist in diesem Text die Rede. Jesus spricht über das Ende der Zeit und nimmt dabei kein Blatt vor den Mund. Wir lesen von der Zerstörung des Tempels, von Aufruhr und Krieg, von Erdbeben, Seuchen und Hungersnöten, von Verführung, Verfolgung und Verrat. Es sind düstere, apokalyptische Horrorvisionen; dazu angetan, den Zuhörern Angst und Schrecken einzujagen.

Jesu Worte wirken zunächst wie das Drehbuch für den unaufhaltsamen näher rückenden Weltuntergang. Zweifellos steht Jesus mit seiner Endzeitrede in der Tradition der jüdischen Apokalyptik, die längst den alten Äon abgeschrieben hatte.

Doch plötzlich hören wir unmittelbar im Anschluss an die Worte über die Furcht der Menschen und die kosmischen Erschütterungen eine völlig andere Botschaft. Kaum traut man seinen Ohren: *Und alsdann werden sie sehen den Menschensohn kommen in einer Wolke mit großer Kraft und Herrlichkeit. Wenn aber dieses anfängt zu geschehen, dann seht auf und erhebt eure Häupter, weil sich eure Erlösung naht* (Vers 27.28). Wie passt das zusammen? Wo wir das Finale eines endgültigen apokalyptischen Infernos erwarten und uns am liebsten davor verstecken und in Sicherheit bringen möchten, heißt es bei Jesus: Kopf hoch! Denn wenn es am schlimmsten drunter und drüber geht, ist die Rettung ganz nah! Diese Rettung aber hat einen Namen: Wenn Jesus vom machtvollen Kommen des *Menschensohns* spricht, dann ist zumindest seinen Jüngern klar, dass er damit von seiner eigenen Wiederkunft redet (siehe oben Nr. 70). Jesus redet so ungeschminkt über die Schrecken der letzten Zeit, um Menschen zu provozieren, sich darüber klar zu werden, was sie angesichts dessen zu hoffen haben. Sind wir auf den drohenden Weltuntergang fixiert – oder erwarten wir gespannt die Wiederkunft Christi? Viele meinen auch heute angesichts globaler Krisen und Katastrophen, es sei „kurz vor Zwölf", der große Knall stehe unmittelbar bevor. Im Anschluss an die Worte Jesu zeigen die Uhren bei Paulus eine andere Zeit an: *Die Nacht ist vorgerückt, der Tag aber nahe herbeigekommen* ... (Römer 13,12).

Christen gehen nicht einer untergehenden Welt, sondern dem wiederkommenden Herrn entgegen. Sie leben im Anbruch eines neuen Tages.

G. Trost für Hinterbliebene
1. Thessalonicher 4,13-18

Durch den überraschenden Tod von Angehörigen waren Christen in der Gemeinde von Thessalonich in ihrem Glauben sehr angefochten worden. Hatte ihnen nicht der Apostel Paulus verkündigt, dass Jesus schon bald wiederkommen würde? Und hatte er sie nicht in dem Glauben bestärkt, dass dieses umwerfende Ereignis noch zu ihren Lebzeiten geschehen würde? Doch nun waren Einzelne aus ihrer Mitte gestorben, was sie sehr verunsicherte. Die Frage stand im Raum: Was ist eigentlich mit den Christen, die sterben, bevor ihr Herr Jesus Christus wiederkommt? Verpassen sie damit die Wiederkunft Jesu? An diese Situation knüpft Paulus in diesem Text an. Wie erfahren dadurch etwas genauer, wie sich Paulus den Ablauf der kommenden Ereignisse vorgestellt hat, wobei er sich selbst allerdings bei seinen Aussagen ausdrücklich auf die Autorität Jesu (*Wort des Herrn*, Vers 15) beruft.

Interessant:
Was geschieht mit uns nach dem Tod? Die biblischen Aussagen dazu lassen sich nicht auf einen Nenner bringen. Sie reichen von „Heute wirst du mit mir im Paradiese sein" (Lukas 23,43) bis „Die Toten sind von deiner (Gottes) Hand geschieden" (Psalm 88,6). Doch eines ist sicher: Wir werden Gott begegnen.

Das entscheidende Datum ist der Zeitpunkt der Wiederkunft Jesu, wobei die Formulierung in Vers 15 verrät, dass Paulus weiterhin damit rechnet, dass dies noch zu seinen Lebzeiten geschehen könnte. Bei der Wiederkunft Jesu wird Jesus zuerst die bis dahin verstorbenen Christen auferwecken. Sie sollen gemeinsam mit den dann noch Lebenden den endgültigen Triumph Jesu miterleben. Die Formulierung in Vers 17: *wir werden mit ihnen entrückt werden* hat Anlass zu manchen Spekulationen gegeben. Oft wurde sie so verstanden, dass die Christen von dem wiederkommenden Herrn im letzten Moment aus der untergehenden Welt in sein himmlisches Reich weggenommen würden.

Doch gemeint ist etwas ganz anderes: Bei der *Parusie* Jesu (= *Ankunft*; das griechische Wort bezeichnet den Besuch des Kaisers in der Provinz) werden die Christen quasi als Empfangsdelegation dem Herrn *entgegengerückt zur Abholung* (so wörtlich). So wie Könige oder Präsidenten bei Staatsbesuchen schon am Flughafen abgeholt werden, so wird Jesus schon *in der Luft* von seiner Gemeinde begrüßt und mit ihr im Triumphzug auf die Erde zurückkehren.

Der 2. Petrusbrief ist einer der jüngsten Texte der Bibel. Zahlreiche Christen sind mittlerweile verstorben, ohne dass die erhoffte Wiederkunft Jesu eingetroffen wäre. Offen wird es in den Gemeinden angesprochen: „Warum zieht sich das Kommen Jesu nur so lange hin? Was hält ihn auf?" Der 2. Petrusbrief versucht in unserem Text eine Antwort darauf zu geben. Sein erster Hinweis: Gott hat ein anderes Zeitverständnis als wir Menschen. Was uns als lang erscheint, ist für ihn kurz wie ein Wimpernschlag. Die Aussage, dass Jesus bald wiederkommt, kann aus der Perspektive Gottes bedeuten, dass darüber noch Jahrhunderte vergehen können. Die andere Überlegung ist: Gott hat den Termin der Wiederkunft Jesu hinausgeschoben, weil er vielen Menschen noch die Chance zur Umkehr geben möchte. Diese Feststellung kann für die wartende Gemeinde in der Konsequenz nur bedeuten: Legt nur ja nicht die Hände in den Schoß! Nutzt die euch verbleibende Zeit für die missionarische Verkündigung! Ladet Menschen zur Umkehr und zum Glauben an Jesus ein! Auf diese Weise könnt ihr womöglich den Zeitpunkt der Wiederkunft Jesu beschleunigen!

Interessant:
So stellt sich Sören Kierkegaard des Kommen Jesu bzw. den Untergang der Welt vor: Eben noch hat der Bajazzo auf der Bühne seine Späße gemacht. Plötzlich wird er hinter den Kulissen gewahr, dass im Theater ein Feuer ausgebrochen ist. Er stürmt auf die Bühne zurück und ruft ins Publikum hinein: Feuer, Feuer! Es brennt! Rette sich wer kann! Einen Moment atemlose Stille, dann lautes Lachen: Ein Begeisterungssturm bricht los. So wird die Welt untergehen unter dem allgemeinen Jubel derer, die das für einen gelungenen Witz halten.

Dennoch bleibt es dabei: Wann der *Tag des Herrn* kommt, kann kein Mensch wissen. Darum heißt es: Wach sein, denn Jesus kommt unerwartet wie ein Einbrecher. Lebendige christliche Hoffnung ist darum immer Naherwartung. Dass solche Erwartung weder schwärmerisch noch passiv sein lässt, beweist das Lebenszeugnis von Menschen, die von dem baldigen Kommen Jesu überzeugt waren: Johann Christoph Blumhardt etwa – oder Friedrich von Bodelschwingh. Es war gerade ihre sehnsüchtige Erwartung *eines neuen Himmels und einer neuen Erde* (Vers 13), die sie unermüdlich zum Wohle anderer Menschen tätig sein ließ.

8. In letzter Instanz
Offenbarung 20,11-15

Interessant:
Fasziniert von Gottes grenzenloser Liebe zu den Menschen hoffen Christen, dass Gott sich schließlich doch noch über die Verdammten erbarmt und sie in seine Herrlichkeit aufnimmt (Allversöhnung). Entscheidende Aussagen der Bibel geben solcher Hoffnung jedoch keine Nahrung.

Auf die Insel Patmos in der Ägäis verbannt, werden dem Apostel Johannes eine Reihe überwältigender Visionen zuteil, durch die Gott seinem alt gewordenen Diener den Durchblick auf das Ziel der Geschichte schenkt. Nachdem Gott in einer letzten dramatischen Auseinandersetzung Satan und seine Verbündeten endgültig besiegt und vernichtet hat, naht der Moment des großen Gerichts. Während Himmel und Erde sich bereits vor dem gewaltigen Thron Gottes verflüchtigen, versammelt sich die Menschheit aller Zeiten, um von Gott ihr gerechtes Urteil zu empfangen.

Es ist Buch geführt worden über das Leben der Menschen: offenbar buchhalterisch sorgfältig und genau wird abgerechnet. Doch bei den einen werden ihre Taten und Versäumnisse, das Gute und das Schlechte, gar nicht gegeneinander aufgewogen. Offenbar zählt bei ihnen nur, dass ihr Name im *Buch des Lebens* (siehe oben Nr. 60) verzeichnet ist. Das Minus ihres Lebens ist allein dadurch in ein Plus verwandelt.

Die andern hingegen werden nach ihren Taten beurteilt und sind ohne Chance, auf diese Weise in letzter Instanz vor Gott zu bestehen. Die unerbittliche Konsequenz: *Und wenn jemand nicht gefunden wurde, geschrieben in dem Buch des Lebens, der wurde geworfen in den feurigen Pfuhl* (Vers 15).

Die Offenbarung des Johannes lässt also keinen Zweifel an dem doppelten Ausgang der Weltgeschichte. Ist das nicht ungerecht? Was haben die Geretteten denn den Verdammten voraus? Sind sie die besseren Menschen, die mit ihren guten Werken Gott im Gericht gnädig stimmen können? Eben nicht. Dass ihr Name im Buch des Lebens steht, ist nicht ihr Verdienst, sondern das eines anderen. Der starb für die Schuld aller Menschen am Kreuz und wirbt durch sein Evangelium darum, ihm zu vertrauen und das an ihm vollstreckte Todesurteil anzunehmen. Wo das geschieht, freuen sich bis heute die Engel im Himmel über jeden neuen Namen im Buch des Lebens.

99. Alles neu!
Offenbarung 21,1-8

Am Ende der Bibel schildert Johannes in leuchtenden Farben und beeindruckenden Bildern einen neuen Himmel und eine neue Erde. Das Ziel der Wege Gottes heißt nicht Untergang und Ende, sondern Neuschöpfung: *Siehe, ich mache alles neu!* (Vers 5).

Es ist das erste Mal überhaupt, dass Gott selbst in diesem letzten Buch der Bibel das Wort ergreift. Er selbst gibt zu Protokoll und verbürgt sich dafür, dass mit den Visionen des Johannes der Nachwelt nicht irgendwelche apokalyptischen Träumereien oder Spekulationen überliefert werden, sondern dass die neue Schöpfung wirklich kommt. Und diese neue Welt wird völlig anders, unvergleichlich großartiger als die alte Welt sein. Es wird in ihr nicht mehr die bedrohliche Macht des Bösen geben (in der apokalyptischen Symbolsprache: *das Meer,* Vers 1). Wichtigstes Kennzeichen der neuen Welt: *Gott wird seine Zelte mitten unter den Menschen aufschlagen* (so wörtlich Vers 3). Er selbst ist für immer ganz nah. Nichts Fremdes wird sich mehr zwischen Gott und Mensch schieben können.

Interessant:

„Ein Tag der sagt dem andern, mein Leben sei ein Wandern zur großen Ewigkeit. O Ewigkeit, so schöne, mein Herz an dich gewöhne, mein Heim ist nicht in dieser Zeit", dichtete Gerhard Tersteegen.

Weder Angst und Misstrauen werden je noch einmal die Beziehung zu Gott trüben können, noch werden Menschen vom Glanz der Herrlichkeit Gottes geblendet werden können. Im Gegenteil: Sie werden selbst „strahlen wie die Sonne". In der unmittelbaren Gemeinschaft mit Gott von Angesicht zu Angesicht werden die Tränen ein für allemal abgewischt und sind Leid, Geschrei, Schmerzen und der Tod Fremdworte geworden, zu denen niemand mehr etwas einfällt. Das Fest des Lebens wird mit einem großen Aufatmen beginnen und in einen unbeschreiblichen Jubel übergehen. Menschen genießen es, die Frustrationen und Enttäuschungen ihres früheren Lebens endgültig hinter sich zu lassen und sich als Söhne und Töchter Gottes unbeschwert der Leichtigkeit des Lebens hinzugeben. Endlich am Ziel! Endlich zu Hause!

Zu guter Letzt

Wir haben bei unserem Streifzug durch die Bibel von der Schöpfung bis zur Vollendung einen weiten Bogen geschlagen. Wir haben Halt gemacht an den wichtigsten Stationen der Geschichte Gottes mit seiner Schöpfung. Auf einer langen Strecke konzentrierte sich diese Geschichte auf den Bund Gottes mit seinem Volk, mit Israel. Doch mit dem Kommen Jesu in unsere Welt weiteten sich die Perspektiven: In dem durch Christus begründeten neuen Bund sind Menschen aus allen Völkern eingeschlossen, weil Gott in seiner Liebe aufs Ganze ging.

Durch die Beschränkung auf 99 wichtige Texte musste vieles übersprungen und ausgelassen werden, was nicht nur interessant und spannend zu lesen, sondern erhellend und bereichernd für unser Leben ist. Wer darum durch die Lektüre dieser ausgewählten Bibeltexte auf den Geschmack gekommen ist, dem sei empfohlen, einmal die ganze Bibel zu lesen. Es gibt für diesen Bibelmarathon viele hilfreiche Begleiter. Im ökumenischen Bibelleseplan wird der Leser anhand täglicher Lektüre eines Bibelabschnitts innerhalb von mehreren Jahren einmal durch die ganze Bibel geführt. Dazu gibt es Bibellesehilfen, die zu jedem Textabschnitt Auslegungen und Erklärungen bieten. Auf drei möchte ich ausdrücklich aufmerksam machen: „Start in den Tag", „Termine mit Gott" sowie „Bibel für heute". Sie finden sie auf der letzten Seite beschrieben.

Wer zu den angesprochenen oder anderen Themen der Bibel gerne mit dem Autor in Verbindung treten möchte, den lade ich freundlich ein, mir zu schreiben bzw. zu faxen:

Klaus Jürgen Diehl
Postfach 10 10 51
44010 Dortmund
Fax: 0231 / 5409-66
E-Mail: amd.ekvw@gmx.de

Jedes Jahr neu!

Bibel für heute
Kommentar zur täglichen Bibellese
Informationen und Hintergründe
zum vorgeschlagenen Bibellesetext

Termine mit Gott
365 Tage mit der Bibel
Kurze und prägnante Auslegungen
zum vorgeschlagenen
täglichen Bibeltext.

Start in den Tag
Bibellese für junge Leute
Mit zahlreichen Cartoons,
Kreuzworträtseln,
persönlichen Erfahrungen
der Autoren und einer
Briefkasten-Ecke.